だから、
読み手に伝わらない！

もう失敗しない文章コミュニケーションの技術

山口拓朗

実務教育出版

はじめに

えっ？　文章があなたの邪魔をしている？

　この本を手にとっていただき、ありがとうございます。ページをめくっていただいたということは、もしかすると、これまでに文章によるコミュニケーションで、何かしらの失敗をした経験があるということでしょうか。

- 伝え方がまずく、誤解を招いた
- 用件が伝わらず、何度も尋ね返された
- 相手から返事（返信）をもらえなかった
- 不用意なひと言で、相手を怒らせた
- 「メールだと冷たい感じがしますね」と言われた
- 言いたいことが相手にまったく伝わっていなかった
- 頭に血が上って、感情的な文章を送りつけた
- 自分の確認不足を棚に上げて、相手に責任をなすりつけた
- 配慮が足りず、相手の気分を害してしまった
- お詫びをメールで済ませて、先方の怒りを買った
- メールの送信ボタンを押してから、「しまった！　送らなければよかった…」と頭を抱えた

　いかがでしょうか？　耳が痛くなった人もいるかもしれませんね（笑）。
　メールや手紙はもとより、ちょっとした伝達用のメモ書きまで、文章コミュニケーションは多種多様です。社会人である限り、避け

て通ることはできません。

　文章コミュニケーションが上手な人ほど、効率よく仕事を進められているはずです。同様に、そういう人は信頼関係を築くことや、人間関係を円滑にすることも得意にしているでしょう。

　一方で、文章コミュニケーションが不得意なために、ネガティブな問題を抱えている人も少なくありません。

- 仕事が捗らない
- 人間関係がギスギスする
- 気を遣ってばかりで疲れる
- 信用してもらえない

　いずれも、深刻な問題です。社会人にとって必要不可欠なスキルが、悩みの種になっているとしたら、あまりに"もったいない"話ではないでしょうか。なぜなら、文章コミュニケーションは「武器」にするべきものであって、「コンプレックス」にするべきものではないからです。

　でも、ご安心ください。"伝わらない文章"を改善することで、コンプレックスはたちどころに消えるはずです。本書の役割は、伝わらない原因を徹底的に洗い出したうえで、円滑な文章コミュニケーションを図るコツを紹介することです。

　その考え方とノウハウは、ビジネス、プライベート問わず、あらゆる場面に応用できます。しかも、手紙やハガキ、連絡メモ、メール、チャット、SNS（ソーシャル・ネットワーキング・サービス）など、さまざまな文章コミュニケーションで活かすことができます。

本書では、いまやその代表格である、メールの事例を中心に解説を進めていきます。

また、近年、利用者数が激増しているSNSについても、最終章で取り上げます。SNSの投稿やコメントで失敗した経験のある人は、そこから読み始めてもお役に立てるでしょう。

なぜ、文章コミュニケーションは難しいのか？

そもそも、文章コミュニケーションで一度も失敗したことのない人などいるのでしょうか？　社会人歴が長い人ほど、痛々しい記憶があると思います。

文章コミュニケーションで失敗が起きやすい最大の原因は、「相手の不在」です。電話や対面で会話をするとき、多くの人は言葉をやり取りしながら、その都度、誤解やトラブルの芽を摘んでいます。たとえば、対面であれば次のような感じになるでしょう。

> Aさん：明日の打合せに、資料を持ってきていただけますか？
> Bさん：えっ？　あの資料はまだ作成していませんが……。
> Aさん：作成していない？　ああ、来月の座談会の資料のことではありません。来週のシンポジウムの資料のことです。
> Bさん：ああ、シンポジウムのほうですね！　承知しました。

お互いに「あれ、おかしいな？」と思った時点で、相手に確認を取っています。そのおかげで、すぐに誤解が解けたのです。

相手の表情や顔色を見ながら、話ができる。これが対面コミュニ

ケーションの大きなメリットです。
　電話も同じです。相手の顔こそ見えませんが、話の内容を確認することもできますし、声のボリュームや声色から、相手が何を言わんとしているのか、その真意や感情を読み取ることもできます。

　ところが、メールの場合はどうでしょうか。その場で細かく確認しようとすると、時間も手間もかかってしまいます。さらに、相手の表情や声のトーンを読み取ることもできません。これが文章のデメリットです。真意や感情を察するには、あまりにも情報が限られているのです。
　先ほどの例で言えば、誤解したままのBさんが、慌てて座談会の資料を作成して、翌日の打合せに持参して来たとします。おそらく、Aさんは「持ってきていただきたかったのは、座談会の資料ではなく、シンポジウムの資料のほうだったのですが…」と天を仰ぐことでしょう。

　このケースでは、どちらに非があったことになるのでしょうか？「シンポジウムの資料」と明記しなかったAさん、「なんだか、おかしいなあ」と思いながらも確認を取らなかったBさんのどちらにも非があると言えます。
　これが文章コミュニケーションの怖さであり、難しさでもあります。**目の前に相手がいないため、つい自分にとって都合のいい伝え方をしたり、受け取り方をしたりしてしまう**のです。勘違いやミスに気がつきにくく、また、その場で言い直すことも、言葉を撤回することもできません。
　基本的に送り手と受け手の間だけで行われるコミュニケーショ

ンのため、第三者が誤りを指摘することもできません。つまり、自分の非を改善する機会がなかなかないのです。

だからこそ、本書を本格的に読み進める前に、あなたには次のことを肝に銘じてもらいたいと思います。

「読み手不在」の文章を書いてはいけない！

文章を書くときは、目の前にいるときの何倍も何十倍も、相手のことを考えなければいけません。どれだけ相手のことを考えても、誤解を招くリスクはゼロにはできません。私たちは、極めて難しい状況でコミュニケーションを行っているのです。

- この書き方で伝わるかな？
- この言葉で理解してもらえるかな？
- 上から目線の文面になっていないかな？
- 逆に、遠慮がちになっていないかな？
- この文面で相手は不快にならないかな？
- この文面で相手に負担はかからないかな？
- 相手は本当にこの情報を欲しがっているかな？
- 見た目が読みにくくないかな？
- どう書けば、相手が気持ちよく行動してくれるかな？

このように、常に相手のことを考える必要があります。目の前に読み手が立っているイメージを大切にしてください。

"だから、読み手に伝わらない！"——この悲劇を避けるためには、

とにもかくにも「読み手不在」の意識を改善しなければならないのです。

人は自己正当化したがる生き物

　文章コミュニケーションで誤解やトラブルが発生したとき、多くの人は「自分は何も間違っていない」と思い込みます。これを「自己正当化」と言います。自己正当化が起きる背景には、自己防衛本能があります。つまり、自らを傷つけまいとする人間としての特性です。

　これも、先ほどの例で見てみましょう。「明日の打合せに必要な資料と言えば、シンポジウムの資料に決まっているじゃないか！」と考えるＡさんに対し、「このタイミングで資料と言われたら、座談会の資料に決っているだろ！」と考えるＢさんという具合に、お互いに「自分＝正しい」「相手＝悪い」と決めつけているかもしれません。
　恐ろしいことに、この自己正当化が文章コミュニケーションでの誤解やトラブルを助長しているのです。自分は正しいと思い込んでいるために、「こちらにも非があったのかもしれない…」「相手にも何か事情があったのではないか…」という考えが抜け落ちてしまうのです。
　逆に言えば、自己正当化のリスクを認識している人は、相手の立場に立ったメールを書ける人です。つまり、読み手にちゃんと伝わる文章コミュニケーションができる人と言えます。あなたには、本書をきっかけにその域を目指していただきます。

SNSで上手にコミュニケーションを取れていますか？

　最近は、facebookやtwitter、mixi、ブログ、LINE、Google+、LinkedInなど、個人アカウントを作れるSNSが隆盛を極めています。日本で最も人気のあるfacebookの登録者数は約2400万人と言われています（2014年11月現在）。

　友人同士のみならず、仕事で社員やスタッフ、お客さんと連絡を取り合うときなどにも、メッセージやチャットを備えたアプリを使うケースが増えつつあります。

　また、多くのSNSは記事投稿機能やコメント機能も備えており、投稿記事にコメントを入れ合うコミュニケーションも盛んに行われています。

　しかし、このSNS上でも、メール同様にさまざまな誤解やトラブルが頻繁に起きているのです。

- 不快な投稿やコメント
- 空気を読めていない投稿やコメント
- ケンカをふっかける投稿やコメント
- 倫理観を欠いた投稿やコメント
- その場の空気を乱すコメント
- 誹謗や中傷のコメント（ときに炎上へと発展）
- 集中的なバッシング（炎上状態）

　SNS上のコミュニケーションは、メールとは比較にならないほど気軽なものです。それゆえ、思わぬ落とし穴も少なくありません。

緊張感のゆるみが、誤解やトラブルの引き金になるのです。

　いくら本人が「SNSはプライベートのみで使っています」と言ったところで、周囲がそう割り切ってくれるとは限りません。事実、仕事でSNSを使う人が増えているうえ、仕事関係者に投稿記事を見られる可能性もあります。

　そもそも、発言を「これはプライベート」「これは仕事」と分けることにムリがあります。たとえば、プライベートでの投稿記事であっても、そこで失言をしてしまえば、仕事上での信頼低下につながる恐れもあるのです。

　本書の終盤でも、SNS上の文章コミュニケーションにおけるコツを取り上げています。実際、不用意な投稿やコメントをしたせいで、信用を失ってしまった人が続出しています。残念なことに、その手の失言や暴言、誤解、コミュニケーション不全は、日常的にくり返されているのです。

　そういう悲劇に巻き込まれないためにも（あるいは加害者にならないためにも）、十分に注意を払う必要があります。

読む人の立場＆TPOに応じた文章を書こう

　先ほども述べましたが、大事なのは読む人の立場に立っているかどうかです。相手を意識できれば「伝わる文章コミュニケーション」を楽しめますし、意識できなければ「伝わらない文章コミュニケーション」となり、問題やトラブルを招きやすくなります。そこに、ツール（メール、手紙、SNSなど）の差はありません。

本書では、相手に誤解されない文章の書き方について、具体例を豊富に織り交ぜながら紹介していきます。そのポイントを押さえることができれば、あなたは「だから、読み手に伝わらない！」から卒業して、誰からも愛される文章コミュニケーションの達人になっているはずです。

　もちろん、読む人は生身の人間です。マナーやセオリーを押さえるだけでは足りません。大事なのは相手の立場、TPOに応じた文章を書くことです。
　たとえば、女性が投稿した「自撮り写真つき記事」に対して「痩せましたね」とコメントをしたときに、「嬉しい！」と喜ぶ人もいれば、「嫌みなことを言うわね！」と怒り出す人もいます。つまり、言葉にどう反応するかは、相手の性格や価値観、あるいはコメントした人との関係性次第なのです。
　したがって、ただ「文章コミュニケーション」のセオリーを知っていれば安泰ということではありません。むしろ、相手のために"よかれ"と思うなら、ときにセオリーを破る臨機応変さも必要なのです。

　クドいようですが、文章でコミュニケーションをとるときは、相手不在の文章を書いてはいけません。いつでも読み手の顔を思い浮かべながら文章を書きましょう。
　文章コミュニケーション力が磨かれると、人生そのものが好循環のスパイラルへと突入します。まわりから高く評価され、信頼を寄せられ、好感を持たれやすくなるでしょう。
　その結果、あなたに賛同してくれる人や、応援してくれる人も増えていきます。そうなれば、あなた自身の目標や夢も叶いやすくな

ることでしょう。

　さあ、大船に乗ったつもりで、私について来てください。本書で「伝わる文章コミュニケーション」「愛される文章コミュニケーション」の考え方とスキルを身につけて、人生を今まで以上に輝かせましょう。

山口拓朗

CONTENTS

はじめに

えっ？　文章があなたの邪魔をしている？ ー 001
なぜ、文章コミュニケーションは難しいのか？ ー 003
人は正当化したがる生き物 ー 006
ＳＮＳで上手にコミュニケーションを取れていますか？ ー 007
読む人の立場＆ＴＰＯに応じた文章を書こう ー 008

第 **1** 章

だから、伝わる文章のイロハ

No. 01	「一文一義」でまとめよう	020
No. 02	具体的な表現を心がけよう	022
No. 03	「説明不足」はトラブルのもと	024
No. 04	主語と述語をねじれさせない	026
No. 05	その専門用語、伝わっていますか？	028
No. 06	読点の位置に気を配ろう	030
No. 07	修飾語は被修飾語の直前に置こう	032
No. 08	修飾語の並び順3原則	034
No. 09	情報は分別してまとめよう	036
No. 10	つじつまを合わせよう	038
No. 11	ちぐはぐな書き方をしない	040
No. 12	「どっちの意味？」と迷わせたらアウト	044
No. 13	同じ言葉をムダにくり返さない	046
No. 14	必要のない言葉遣いを削ろう	050
No. 15	指示代名詞が指す言葉がわかるように	052
No. 16	接続詞は取捨選択しよう	054
No. 17	漢字だらけの文章は嫌われる	056
No. 18	二重否定はなるべく肯定表現にしよう	060

CONTENTS

実践・文章コミュニケーション_01

だから、仕事が捗るメールの勘所

- No. 19 メールの強みと弱みを把握しよう ... 064
- No. 20 知らなきゃ損するメールのルール ... 066
- No. 21 あらためて押さえたいメールの基本型 ... 068
- No. 22 読む／読まないは件名で決まる ... 074
- No. 23 相手を動かす結びの言葉 ... 076
- No. 24 カドが立たない「断り文」 ... 078
- No. 25 あいまいな「返事」で誤解を与えない ... 080
- No. 26 「返信」は相手の期待を上回ろう ... 082
- No. 27 相手がＯＫしたくなる「依頼文」 ... 084
- No. 28 「催促メール」は逃げ道を用意しよう ... 088
- No. 29 「報告メール」は項目別に書こう ... 090
- No. 30 「案内メール」は情報整理と見せ方がキモ ... 092
- No. 31 「意見＆提案」で伝えるべきは根拠と熱意 ... 094
- No. 32 「お礼メール」は喜びを具体的に ... 098
- No. 33 「抗議文」のポイントは冷静さ ... 100
- No. 34 「急ぎの依頼」、お願いするコツと断るコツ ... 102
- No. 35 「謝罪メール」はお詫びよりも共感が大切 ... 104
- No. 36 メールの返信はいつすべき？ ... 107

No. 37	引用文の活用作法	109
No. 38	テンプレートを用意しておこう	111
No. 39	資料使い回しのリスク	114
No. 40	ムダなメールの往復を避けよう	115
No. 41	補足的な伝達は「追記」「追伸」で	117
No. 42	見た目がダメなら伝わらない	118
No. 43	罫線でメリハリをつけよう	121
No. 44	送信前のチェック項目	123

第3章

CONTENTS

実践・文章コミュニケーション_02

だから、モメないメールのコツ

No.45	メールに頼ってはいけない3つの場面	126
No.46	マナー知らずになりかねない携帯メール	128
No.47	「名前」の取扱いに要注意！	132
No.48	基本は1メール1用件	134
No.49	5W3Hで情報を盛り込もう	136
No.50	まずは結論から入ろう	138
No.51	「余計な情報」を書かない	140
No.52	複数用件は「箇条書き」にしよう	142
No.53	してほしいことは「肯定表現」で	144
No.54	「ていねいさ」を惜しまない	146
No.55	「誠実フレーズ」をストックしておこう	148
No.56	「クッション言葉」でメンツを守ろう	152
No.57	ハイリスクな「話し言葉」	156
No.58	配慮を欠かない文面に	160
No.59	警戒心を解く文章の書き方	162
No.60	2つの質問技法を使い分けよう	164
No.61	文章の"表情"を読み取ろう	166
No.62	「お叱り」はサンドイッチ話法で	168

No.		
No. 63	男女で異なる"響く言葉"	170
No. 64	言いにくいことを先延ばししない	172
No. 65	書き手の意図を命がけで読み取ろう	174
No. 66	文章コミュニケーションにおける顔文字	176
No. 67	何かと使える「〜したく」	178

第 4 章

CONTENTS

実践・文章コミュニケーション_03

だから、わかりあえるSNSの文章技法

No.	タイトル	ページ
68	ＳＮＳは諸刃の剣	180
69	ＳＮＳは駅前広場と考えよう	182
70	「誹謗中傷」と「批判」の違い	184
71	「怒り」の文章論	186
72	「かまってちゃん」にならない	188
73	露骨な「売り込み」はやめよう	190
74	自分を盛り過ぎない	192
75	自分を追い込む他責文	194
76	悪意のない言葉が誰かを傷つける	196
77	嫌いでも貶さない	197
78	正論・正義を振りかざさない	198
79	他人の情報をうっかり晒さない	199
80	ＮＧ発言ガイドラインを作ろう	201
81	「嫌われコメント」よりも「喜ばれコメント」を	203
82	「ネガティブ言葉」を「ポジティブ言葉」に言い換えよう	205
83	安易に情報拡散しない	207
84	軽はずみな自滅投稿はずっと残る	209
85	読み手のモノサシは千差万別	211

おわりに ... 213

デザイン　中村圭介／檜垣有希（ナカムラグラフ）
イラスト　藤田翔
ＤＴＰ　明昌堂

第 **1** 章

だから、伝わる文章のイロハ

本章では、日本の学校教育ではなぜか教えてくれない
「伝わる文章の基本」を伝授。
文章コミュニケーションにおいて、誤解やトラブルを
招かないためのスキルを身につけていただきます。
文章力の底上げに絶大な効果を発揮します。

「一文一義」でまとめよう

　長過ぎる文章は、伝わらない理由の1つです。長くなる原因の多くは、情報の詰め込み過ぎ（一文多義）にあります。その結果、文章が複雑になって、読む人が混乱してしまうのです。

　文章を書くときの原則は「一文一義」です。1つの文章に1つの情報だけを書く、という意味です。「一文一義」であれば、読み手の負担を最小限に抑えられます。その結果、読みやすく、わかりやすい文章になるのです。

NG文

本日の会議でご指摘いただいたのは、店舗改修のコンセプトと費用についてで、コンセプトは最終的に「昭和レトロ」の方向でまとまりましたが、費用は、現段階で150万円ほど予算オーバーしているため、内装の仕様を再検討する予定です。

　打たれた句点（。）は文末のみ。実に100文字以上が一文に詰め込まれています。情報量が多く、一回読んだだけではすぐに内容が頭に入ってきません。不親切な文章と言わざるを得ません。

OK文

本日の会議でご指摘いただいたのは、店舗改修のコンセプトと費用についてでした。コンセプトは、最終的に「昭和レトロ」の方向でまとまりました。費用は、現段階で150万円ほど予算オーバーしているため、内装の仕様を再検討する予定です。

一文多義のNG文に句点を打って、全体を3つの文章に分けました。一文一義を意識したOK文のほうが読みやすいはずです。一文の長さは、多くても40文字ほどに抑えられています。これくらいであれば、読み手にも負担がかからないでしょう。

　なお、この文章には「コンセプト」「費用」という2つの大きな情報が盛り込まれています。よりわかりやすくするために、箇条書きを活用してもいいでしょう（142ページ参照）。

NG文

DVDのセールスが好調だったため、販売促進部としてのノルマは達成できましたが、肝心のコンサートが台風で中止となり、ファンをがっかりさせてしまったのが残念です。

OK文

DVDのセールスが好調だったため、販売促進部としてのノルマは達成できました。一方で、肝心のコンサートは台風で中止に。ファンをがっかりさせてしまったのが残念です。

　もちろん、厳密に一文一義でなくとも、読み手に正しく情報が伝わりさえすればOKです。実際に、ベースの一文一義に一文多義を組み合わせた「伝わる文章」もたくさんあります。

　とはいえ、これまで句点を気にせずにダラダラと冗長な文章を書いてきた人や、勢いだけで文章を書いてきた人であれば、一文一義を意識することの恩恵は計りしれません。

　誤解を招くケースが激減する一方、周囲から「〇〇さんの文章は読みやすいですね」と声をかけられる機会も増えるでしょう。

No. 02

具体的な表現を心がけよう

　文章を書くときに注意しなければいけないのが、あいまいな表現です。正確性を欠いた表現と言い換えてもいいでしょう。情報や真意が正しく相手に伝わらないため、しばしば誤解やトラブルの原因になります。

NG文

仮に、課金・決裁システムをホームページに組み込む場合、少し費用がかかります。

　「少し」とは、どのくらいの金額を指すのでしょうか？　5万円？　10万円？　50万円？　それとも100万円？その「少し」が書き手には「約50万円」で、読み手には「約5万円」だった場合、両者の認識に大きな隔たりが生じていることになります。
　のちのち読み手が「おいおい、50万円のどこが『少し』なんだ？」と憤慨し、トラブルに発展する恐れもあります。その責任は、「少し」というあいまいな言葉を使った書き手にあります。

OK文

仮に、課金・決裁システムをホームページに組み込む場合、約50万円の費用がかかります。

　このように「少し」を「約50万円」と具体的に書き換えるだけで、書き手と読み手は同じ認識（情報）を共有することができます。

「安い」「多い」「遅い」「長い」「大きい」「遠い」「低い」「多少」「相当」「まあまあ」「けっこう」「かなり」「そこそこ」「しばらく」「たまに」……など、あいまいな表現を挙げればキリがありません。いずれも、情報伝達を阻害しかねない危険因子です。

NG文 最寄り駅からけっこう歩きます。
OK文 最寄りの銀座駅から15分ほど歩きます。

NG文 コピーを多めによろしくお願いします。
OK文 コピーを18部、よろしくお願いします。

NG文
来週は、早めに会場にお越しいただけると助かります。本番前に一部メンバーで軽くリハーサルを行います。

OK文
来週木曜日（12日）は、○○コンベンションセンターの１階エントランスへ午前11時にお越しいただけると助かります。本番前に山口様と司会の鈴木宏一氏とパネリストの水野哲氏の３名で20分ほどリハーサルを行います。

　仕事で文章を書くときには、あいまいな表現を避けて、できるかぎり具体的な表現を心がけましょう。
　特に**「数字（数値）」や「固有名詞」は究極の具体性です**ので、わかっているときは積極的に使うようにしましょう。いつも具体的な表現を心がけている人は、周囲からの信頼も厚いはずです。

No. **03**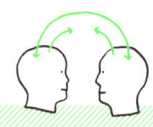

「説明不足」はトラブルのもと

　説明不足な文章が、誤解やトラブルを引き起こすケースは少なくありません。言葉足らずなために、読み手に「それってどういう意味？」「何が言いたいの？」と思われてしまうのです。重要な内容であれば、信用問題にも発展しかねません。

NG文

新作の試作品が、明後日届きます。したがって、明日中に会議を行いたいと思います。いかがでしょうか。

　読み手の顔が曇りました。試作品の到着が明後日ならば、フィードバック会議は、到着後でいいのではないか？
　実は、この「会議」とは、試作品のフィードバック会議ではなく、定例の進捗会議を指しています。試作品が届いた直後だと慌ただしいので、その前に開いておきたいということです。
　しかし、そうした書き手の意図は文章には一切盛り込まれていないので、読み手の顔が曇ったのです。

OK文

新作の試作品が、明後日届きます。試作品到着後は慌ただしくなることが予想されるので、明日中に定例の進捗会議を行いたいと思います。いかがでしょうか。

　OK文のように、不足していた説明を加えた文面であれば、読み

手が理解に苦しむこともないでしょう。

書き手がいくら「言わなくてもわかるはず」と思っていても、読み手が本当にわかるとは限りません。ましてや、「きっと察してくれるはず」と期待するのは言語道断です。

書き手にとっての「当たり前」は、読み手にとっての「当たり前」ではありません。むしろ、**文章を書くときには、常に「読む人は何もわかっていない」「察してくれない」という"厳しい前提"に立つ必要がある**のです。

NG文
本日は雨のため、打合せを延期させていただけますでしょうか。

このメールを受信した人は、「どうして雨だと延期なの？」と思いました。これも、書き手の説明不足に原因があります。

OK文
本日は雨のため、予定していた外壁の視察ができそうにありません。外壁を確認していない状態では、大した打合せができないと思われます。つきましては、本日の打合せを延期させていただけますでしょうか。

自分が書いた文章を読んだ人から、「〇〇とは、どういう意味でしょうか？」と質問を受けたことがある人は、一度、自身の「説明不足な文章＝伝わらない文章」を疑ってみましょう。もしかすると、相手に大きな負担や迷惑をかけているかもしれません。

No. 04

主語と述語をねじれさせない

　主語と述語がねじれた（対応していない）文章をよく見かけます。日本語の場合、間にさまざまな言葉が入ることによって、主語と述語は離れがちになります。その結果、主語と述語がねじれるという残念な事態が起きやすくなるのです。

NG文

本日リリースした新作は、マスコミで取り上げられたり、ファンによる口コミ効果が起きたりすれば、ブームになると期待している。

　「新作は」という主語に、「期待している」という述語を対応させるのは不自然です。期待するのは、モノではなく、人になるので、主語と述語がねじれた文章ということになります。「新作は」を主語にするならば、次のような文章が自然になるでしょう。

OK文1

本日リリースした新作は、マスコミで取り上げられたり、ファンによる口コミ効果が起きたりすれば、ブームになるかもしれない。

　この文章であれば、「新作は」という主語に「ブームになるかもしれない」という述語が正しく対応しています。これとは反対に、NG文の「期待している」を残すのであれば、次のような文章が考えられます。

OK文2

本日リリースした新作は、マスコミで取り上げられたり、ファンによる口コミ効果が起きたりすれば、ブームになるかもしれない。少なくとも私たち制作スタッフは、ブームになることを期待している。

「私たち制作スタッフは」という主語を加えて、「期待している（述語）」と正しく対応させました。
ねじれを防ぐためにも、主語と述語はできる限り近づけましょう。
主語と述語が離れれば離れるほど、ねじれやすくなるからです。

NG文

国内の大手証券会社は、去年の同時期に行われた経済政策で株ブームが起き、異常なほど株式市場が沸いた反動によって、前年同期比で軒並み減収減益の決算をもたらした。

OK文

国内の大手証券会社は、前年同期比で軒並み減収減益の決算となった。去年の同時期に行われた経済政策で株ブームが起き、異常なほど株式市場が沸いた反動と思われる。

NG文は、主語と述語が離れ過ぎているうえ、両者の"ねじれ"も起きています。お世辞にも読みやすいとは言えません。
OK文のように、主語と述語を近づけ、両者の"ねじれ"を解消すれば、読みやすく、内容も難なく理解できるでしょう。

No.05 その専門用語、伝わっていますか?

　相手が理解できない言葉は使わない、というのは文章を書くときの重要なポイントです。特に気をつけたいのが業界用語です。ふだん自分が当たり前のように使っている言葉を、業界外の人に対して何の疑いもなく使う。本人は悪気がないのかもしれませんが、読み手にとっては大きな負担となります。

NG文

24日(木)の夕方で校了となりますので、修正があるときは、24日の正午までにご連絡願います。

　これは、その昔、筆者が取材対象者に送ったメールです。返信メールには「校了って何でしょうか?」と書かれてあり、大いに反省しました。ちなみに、「校了」とは出版・印刷業界の専門用語で、「すべての校正(訂正等のチェック)が終わる」という意味です。相手になじみのない言葉を使ったのは、私のミスでした。理由はどうあれ、読み手に意味を調べさせてしまう文章は避けるべきです。

OK文

24日(木)の夕方には印刷所に原稿を渡さなくてはいけません。修正があるときは、24日の正午までにご連絡願います。

　このように、「校了」という専門用語を使わずに書けば、相手も戸惑うことはなかったはずです。

日本の社会では、カタカナのビジネス用語も頻繁に使われています。なかには、社会人なら身につけておきたいものがあるのも事実です。しかし、自分にとって常識的な言葉が、他人にとっても常識とは限りません。特に、業界用語やビジネス用語になじみのなさそうな相手に対しては、文章を書く前に「この言葉で伝わるかな？」と考える必要があります。

NG文 シナジーをもたらしてくれる。
OK文 相乗効果をもたらしてくれる。

NG文 プライオリティをはっきりさせよう。
OK文 優先順位をはっきりさせよう。

NG文 例のプロジェクトのリーダーにアサインされた。
OK文 例のプロジェクトのリーダーに任命された。

NG文 A案とB案の検討はパラレルに進めていこう。
OK文 A案とB案の検討は同時進行させていこう。

NG文 確実に新規集客できるメソッドをお伝えします。
OK文 確実に新規集客できる方法をお伝えします。

　文章コミュニケーションで大切なのは、相手との関係性です。もし、相手がビジネス用語を好んで使う人であれば、そのスタイルに合わせる臨機応変さも必要です。相手が「シナジー」と書いてきたのであれば、こちらも「シナジー」と書く、ということです。

No. 06

読点の位置に気を配ろう

　句点（。）と読点（、）を比べたとき、使い方が難しいのは読点のほうです。「句点は文章の終わりに打つ。でも、読点は一体どこに打てばいいの？」と思う方もいるでしょう。

　文章の書き方を教えている人の中には、「息継ぎをするように読点を打ちなさい」「リズムよく読点を打ちなさい」と言う方もいるようですが、その教え方は乱暴と言わざるを得ません。

　読点は意味に応じて打つ。これが基本です。

NG文

A社は前回の経験を踏まえてプランを練るB社に全面協力した。

　「前回の経験を踏まえよう」としているのはA社でしょうか？ それともB社でしょうか？　読点が打たれていないので、はっきりしません。

OK文1　前回の経験を踏まえようとしているのがA社の場合

A社は前回の経験を踏まえて、プランを練るB社に全面協力した。

OK文2　前回の経験を踏まえようとしているのがB社の場合

A社は、前回の経験を踏まえてプランを練るB社に全面協力した。

　このように、読点を打たないことで意味がわからなくなる、あるいは適切な場所に読点を打たないことで間違った意味で伝わる、という悲劇を招かないよう、細心の注意を払わなければいけません。

なお、「読点は意味に応じて打つ」という基本を押さえたうえで、下記に挙げるポイントを意識しておくといいでしょう。

1 長い主語の後に打つ
- 銀座通りにある老舗のレストランが、今月で閉店する。

2 冒頭にくる接続詞や副詞の後に打つ
- ところが、意外にも部長はその意見に反対した。

3 逆説の助詞の後に打つ
- 観光しようと思っていたが、不覚にも寝過ごしてしまった。

4 複数の情報を並べるときに打つ
- 周囲の目に怯え、自分の無価値を嘆き、将来を悲観する。そんな学生時代だった。
- アジア諸国との友好と、自国の景気回復が課題だ。

5 条件や限定を加える語句の後に打つ。
- 雨が降ったら、中止にする。

6 時間や場面が変わるところに打つ
- 満を持して提案したところ、意外な反応をもらった。

7 カギ括弧の代わりに打つ
- 高過ぎるコストがネックだ、と部長は言う。

8 感嘆詞や応答などの後に打つ
- えーっ、○○がたった200円？
- はい、承知いたしました。

9 ひらがな（カタカナ／漢字）が続いて読みにくいときに打つ
- 競合の有力商品もあり、そう簡単には〜
- 現在、在籍２年目の〜

No. 07

修飾語は被修飾語の直前に置こう

　修飾語と被修飾語の距離を気にしたことはありますか？　修飾語と被修飾語が離れ過ぎていると、読み手が混乱して、間違った解釈をしてしまうことがあります。

　修飾語は被修飾語の直前に置く。この原則を実践するだけでも、「読みにくい文章」が「読みやすい文章」へ、「伝わらない文章」が「伝わる文章」へと様変わりします。

NG文

できる限り長期で旅行に行きたいなら早くスケジュールを立てたほうがいい。

　この文章では、「できる限り」が「長期」を修飾しているように読めます。しかし、書き手は「早く」を修飾する言葉として「できる限り」を用いているとすると、どうでしょうか？　書き手と読み手の頭では、次のような食い違いが起きていることになります。

書き手→できる限り早く
読み手→できる限り長期で

OK文

長期で旅行に行きたいなら、できる限り早くスケジュールを立てたほうがいい。

このように、「できる限り」（修飾語）を「早く」（被修飾語）の直前に置くことによって、読み手に誤解を与えずに済むのです。

NG文 安曇野の豊かな水で育った黒豆を使う。
OK文 豊かな水で育った安曇野の黒豆を使う。

　この黒豆は安曇野で育ったものですので、本来は「安曇野の」は「黒豆」にかからなければいけません。ところが、両者の距離が離れているNG文では、修飾語と非修飾語の関係が不明確です。「安曇野の」が、「豊かな水」にかかっているようにも見えます。

　OK文のように、「安曇野の」（修飾語）を「黒豆」（被修飾語）の直前に置いて、関係性を明確にすれば、読み手が首をひねることはないはずです。

NG文

遅かれ早かれ、このまま老朽化が進めば、修繕を余儀なくされるだろう。

OK文

このまま老朽化が進めば、遅かれ早かれ、修繕を余儀なくされるだろう。

　「遅かれ早かれ」は「修繕を余儀なくされる」を修飾する言葉です。両者の距離を近づけたOK文が理想的な文章です。

　修飾語は、被修飾語の直前に置くのがセオリーです。両者を離し過ぎて、本来と違う意味に受け取られないようにしましょう。

No.08

修飾語の並び順3原則

1つの言葉にかかる修飾語がいくつも登場するときは、修飾語の並び順を適正化すると、内容を理解しやすくなります。修飾語の並び順には3つの原則があります

❶「長い修飾語」は先、「短い修飾語」は後にする

NG文 秘密の長期的なプロジェクト。
OK文 長期的な秘密のプロジェクト。

「秘密の」と「長期的な」は、どちらも「プロジェクト」を修飾する言葉です。「短い修飾語」を先にしたNG文でも意味は理解できますが、「長い修飾語」を先にしたOK文のほうが、理解しやすいでしょう。

❷「節」を先にして、「句」を後にする

「節」とは「1個以上の述語を含む複文」を指し、「句」とは「述語を含まない文節＝文の最小単位」を指します。

NG文 誠実な、クライアントを大事にする会社を目指す。
OK文 クライアントを大事にする誠実な会社を目指す。

「クライアントを大事にする」（節）と「誠実な」（句）は、ともに「会社」にかかる修飾語です。ところが、NG文では「誠実な」

がどの言葉を修飾しているのかがはっきりしません。「句」より「節」を先にしたOK文であれば、すんなりと意味が頭に入ります。

３ 「重要度が高い」を先、「重要度が低い」を後にする

❶や❷の原則に従っても、違和感をぬぐえない文章が存在します。同じ言葉にかかる修飾語の内容（意味）に差があるケースです。

NG文

驚くほどの速さでお風呂の湯船の底へ落としたスマホが沈んでいった。

OK文

＜重要度大＞　　　　＜重要度中＞　　　　＜重要度小＞
落としたスマホが／お風呂の湯船の底へ／驚くほどの速さで／沈んでいった。

「沈んでいった」にかかる３つの修飾語（驚くほどの速さで／お風呂の湯船の底へ／落としたスマホが）は、長さではなく、内容（意味）に差があります。重要度順に並べると、OK文のように「スマホ＞湯船＞速さ」となります（文章を削る際は、重要度の低い順に削ればOK）。NG文よりは断然読みやすいはずです。

もっとも、❶〜❸はあくまでも原則です。それに従っても読みにくいときや、内容を理解しにくいときは、原則を無視して並べ替えるフレキシブルさが必要です。いつでも優先すべきは、読み手の理解度なのです。

No.09 情報は分別してまとめよう

「情報A→情報B→情報A」という具合に、情報がデコボコに登場する文章は、読み手に余計な頭を使わせるだけでなく、結果として意味を理解してもらいにくくなります。

読む人に正確に情報を伝え、なおかつ負担をかけずに理解してもらうためには、同じ情報をまとめて書く必要があります。

NG文

起業のメリットは、実力次第でいくらでも稼げる点にあります。一方のデメリットは、毎月の収入が保証されていない点にあります。成果が出なければ、収入がゼロの可能性もあるのです。とはいえ、誰にも束縛されないのは、起業の醍醐味でしょう。

「実力次第でいくらでも稼げる」というメリットの次に、「毎月の給与が保証されていない」というデメリットがきて、再び「誰にも束縛されない」というメリットが表れます。「メリット→デメリット→メリット」という具合に流れるので、読み手は頭のスイッチの切り替えを強いられて大変です。

OK文

起業のメリットは、実力次第でいくらでも稼げる点にあります。誰にも束縛されないのも、起業の醍醐味でしょう。一方のデメリットは、毎月の収入が保証されていない点にあります。成果が出なければ、収入がゼロの可能性もあるのです。

「実力次第でいくらでも稼げる」と「誰にも束縛されない自由さ」という2つのメリットを前半にまとめました。NG文に比べると、内容が自然に頭に入りやすくなっています。

NG文
「ど田舎」をウリにした旅館につき、周囲にレジャー施設や観光地がありません。誇れるものと言えば、豊かな森と清流、それに、おいしい空気です。居酒屋やカフェなどの飲食店も、半径5km圏内には数件しかありません。天気のいい日の夜に見える満天の星も、一度は味わっていただきたいです。

OK文
「ど田舎」をウリにした旅館につき、周囲にレジャー施設や観光地がありません。また、居酒屋やカフェなどの飲食店も、半径5km圏内には数件しかありません。誇れるものと言えば、豊かな森と清流、それに、おいしい空気です。天気のいい日の夜に見える満天の星も、一度は味わっていただきたいです。

　「ないもの（レジャー施設や観光地）→誇れるもの（森、清流、空気）→ないもの（飲食店）→誇れるもの（満天の星）」とデコボコに流れるNG文に対し、OK文では前半で「ないもの」を、後半で「誇れるもの」をまとめています。ストレスなく頭に入ってくるのは、OK文のほうではないでしょうか。

　複数の情報をランダムに書き連ねてしまうと、読み手の混乱を招きます。**情報別に整理したうえで、「情報AはA同士、情報BはB同士」という具合に、まとめて書くようにしましょう。**

No. 10

つじつまを合わせよう

　論理の通らない文章を書いていませんか？　「論理の通らない」は、「つじつまが合わない」とも言い換えられます。つじつまが合っていなければ、当然、伝わる文章になっていないはずです。

NG文

今回、弊社工場からの納品が遅れました。したがって、次回の納品も間違いなく遅れるはずだ。

　どうも腑に落ちません。「今回の納品が遅れると、どうして今後の納品も遅れるの？」という疑問が生じます。
　この文章が許されるなら、「佐藤選手は今回の打席でホームランを打った。したがって、次の打席も間違いなくホームランを打つはずだ」という文章も許されることになります。あきらかに論理性を欠いています。
　腑に落ちない原因は、順接の接続詞「したがって」にあります。順接の接続詞には、「前半（原因・理由）と、後半（結果・結論）をつなぐ」役割があります。しかし、NG文（「佐藤選手は〜」の文章も）は、そもそも前後半を「したがって」でつなげるような文章ではないのです。

OK文1

今回、弊社工場からの納品が遅れました。このまま原因を放置しておけば、次回の納品も間違いなく遅れるはずだ。

「このまま原因を放置しておけば」と理由を示せば、つじつまが合うため、読み手が戸惑うことも、理解に苦しむこともありません。仮に、接続詞の「したがって」を使うのであれば、スムーズに読めるのは、次のような文章でしょう。

OK文2
今回、弊社工場からの納品が遅れました。したがって、急遽、生産体制の見直しを行います。

　こうすれば、「したがって」が「前半と後半をつなぐ」順接の役割をはたします。

NG文
営業は大好きです。とはいえ、まったく契約が取れない日もあれば、バンバン契約が取れる日もあります。

OK文
営業は大好きです。とはいえ、契約が取れない日は、さすがに落ち込みます。

　「大好きです」と「落ち込みます」を逆説の接続詞「とはいえ」でつないだOK文なら、つじつまが合います。一方のNG文は、前後の内容が微妙に噛み合いません。逆説の接続詞が、機能不全に陥っています。論理の通らない文章は、取りも直さず伝わらない文章です。一読した際に少しでも「つじつまが合っていない」と感じたときは、放ったらかしにせずに、その原因を突き止めましょう。

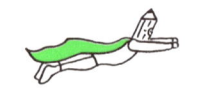

ちぐはぐな書き方をしない

意味がちぐはぐな文章は"悪文"です。仕事でちぐはぐな文章を書くと、大きなミスやトラブルを引き寄せかねません。

NG文 来週、試作品が届くはずかもしれません。

「はず」は確信を持った推量で、「かもしれません」も推量です。両者が混在した文章では、読み手は違和感を抱きます。

OK文1 来週、試作品が届くはずです。
OK文2 来週、試作品が届くかもしれません。

「はず」を使うならOK文1のように、「かもしれません」を使うならOK文2のような文章にする必要があるでしょう。

NG文 あわや過去最高の売上を記録するところでした。

「あわや」は、「あやうく」の意味。つまり、危険などがその身に及ぶ直前を指す言葉です。そんな言葉を、「過去最高の売上」という好ましい出来事と結びつけて書くのは奇妙です。

OK文1 あわや過去最低の売上を記録するところでした。
OK文2 あと少しで過去最高の売上を記録するところでした。

「あわや」を用いるのであれば、「過去最低の売上」という具合に、マイナスな意味の言葉と結びつける必要があります。
　一方、「過去最高の売上」であれば、「あわや」ではなく「あと少しで」などの言葉に言い換えたほうがいいでしょう。

> **推量の言葉**
>
> - おそらく完成が遅れます→おそらく完成が遅れるでしょう
> - たぶん撮ってくれます→たぶん撮ってくれるでしょう
> - きっとできます→きっとできるはずです
> - やがて沈静化する→やがて沈静化するだろう
>
> ※「語尾に想像や推量（〜だろう／〜はずだ／〜かもしれない等）を伴う
>
> **断定の言葉**
>
> - 必ず行くと思います→必ず行きます
> - 絶対に合格するだろう→絶対に合格します
>
> ※語尾に断定（〜だ／〜である等）を伴う
>
> **打ち消しの言葉**
>
> - 全然大丈夫です→全然大丈夫ではありません
> - まったく想像できる→まったく想像できない
> - 断じて（決して）応援する→断じて（決して）応援しない
>
> ※語尾に打ち消し（〜ない等）を伴う
>
> **伝聞・様態の言葉**
>
> - どうやら延期だ→どうやら延期らしい
> - まるで老舗だ→まるで老舗のようだ

- いかにも君がやることだ→いかにも君がやりそうなことだ

※語尾に伝聞や様態（〜らしい／〜のようだ／〜そうだ等）を伴う

希望の言葉

- なんとしてもやり遂げる→なんとしてもやり遂げたい
- どうしても援助する→どうしても援助したい

※語尾に希望（〜たい）を伴う

疑問を意味する言葉

- はたして昇進する→はたして昇進するのか？

※語尾に疑問を意味する言葉（〜か？等）を伴う

「〜してしまった」で受ける言葉

- うっかり精算を忘れた→うっかり精算を忘れてしまった
- つい遅刻した→つい遅刻してしまった

※語尾に（〜してしまった）を伴う

結果＋理由（原因）の言葉

- 会議を欠席したのは、具合が悪化したのです
    →会議を欠席したのは、具合が悪化したからです
- なぜなら成長が止まってしまうのだ
    →なぜなら成長が止まってしまうからだ

※結果を示してから、理由を説明する呼応表現。
「〜したのは、〜（だ）から」「なぜなら、〜（だ）から」という形で使う

[テーマ＋内容の言葉]

◉ 今月の目標は、50万円の売上です

　→今月の目標は、50万円の売上を**上げることです**

※テーマを示してから、内容を書く呼応表現。
　「〜は、〜こと」という形で使う

[「〜は」を「〜にある」で受ける言葉]

◉ 原因は、機械の故障です

　→原因は、機械の故障**にあります**

※「〜にある」の「〜」には、場所、ありか、ポイントなどを示す言葉が入る。

[「〜には」を「〜がある」、「〜では」を「〜ている」で受ける言葉]

◉ 弊社では、自社工場がある→弊社**には**、自社工場がある
◉ 弊社には、社員が働いている→弊社**では**、社員が働いている

※何かが存在する場所には「〜には」、動作や行為が行われている場所には「〜では」を使う。

No. 12

「どっちの意味?」と迷わせたらアウト

　どちらの意味にも取れる文章を仕事上で使えば、大きな誤解を招くほか、取り返しのつかないトラブルに発展する恐れもあります。
　先方から送られてきた「10万円（諸経費込み）でいかがでしょうか」というメールに、次のような返信をしたとします。

NG文 結構です。

　「結構」とは、どういう意味でしょうか？　「イエス」と「ノー」の、2つの解釈が可能です。つまり、これでは「10万円でOK」なのか、「10万円ではダメ」なのかがはっきりしません。もっと言えば、相手の好きなように解釈されてしまっても文句は言えません。実に危険な返信文です。

OK文1 10万円（諸経費込み）で承知いたしました。
OK文2 10万円（諸経費込み）では、お請けできません。

　最低限、イエスの返事であればOK文1、ノーの返事であればOK文2のような文面にする必要があります。
　もう1つ、例を見てみましょう。
　「お手伝いにうかがってもよろしいでしょうか」というメールに、次のような返信をしたとします。

NG文 大丈夫です。ありがとうございます。

「大丈夫」とは、イエスとノー、どちらの意味でしょうか。この文面では、どちらの意味にも取ることができます。こうしたあいまいな返信では、相手を怒らせてしまいかねません。

OK文1 手伝いに来ていただけると助かります。
OK文2 いえ、なんとか私1人でできそうです。

このように、イエスかノーか、はっきりとした返信をするようにしましょう。

NG文 すべてのスタッフが休みではありません。
OK文1 スタッフは全員出勤しています。
OK文2 一部のスタッフは出勤しています。

NG文 今回の新作は、前作のように売れるとは限りません。
OK文1 今回の新作は、前作と同じく、売れるとは限りません。
OK文2 今回の新作は、「前作ほど売れる」とは限りません。

NG文
勝ち目がないギャンブルは好きではありません。
OK文1
ギャンブルはどれも勝ち目がないので、好きではありません。
OK文2
勝ち目があるギャンブルは好きですが、勝ち目がないギャンブルは好きではありません。

No. 13 同じ言葉をムダにくり返さない

　同じことをくり返した文章は、じれったいものです。特に仕事で何度もクドクドとくり返す人は煙たがられます。

　自分が書いた文面に同じ話や言葉のくり返しを見つけたときは、要不要を見極めてください。不要と判断した場合に限り、「削る」「表現を変える」「まとめる」などの対策を施しましょう。

NG文

そもそものコンセプトが間違っていたので、いったん企画を練り直したく存じます。コンセプトのズレに気づいたのです。「誰のため」のイベントなのか、ターゲット設定から見直します。

　二文目の「コンセプトのズレに気づいたのです」が余分ではないでしょうか。冒頭の一文があれば十分に意味は伝わります。

OK文

そもそものコンセプトが間違っていたので、いったん企画を練り直したく存じます。「誰のため」のイベントなのか、ターゲット設定から見直します。

　集中して書いているときは、言葉のくり返しに気づきにくいものですが、冷静に見直せば、言葉のくり返しに気がつくはずです。

　さて、たったいま書いたこの文章でも、実は同じ言葉がくり返されています。短い一文の中に、「言葉のくり返しに」が二度も出て

くるので、すっきりさせてみましょう。

OK文

集中して書いているときは、言葉のくり返しに気づきにくいものですが、冷静に見直せば、気がつくはずです。

　弁護するならば、「言葉のくり返し」は「ていねいさ」の裏返しとも言えます。とはいえ、効率と簡潔さが求められるビジネスシーンでは、「同じことのくり返し＝クドい文章」と受け取られがちです。

NG文

激戦の末のプレゼン敗退に、私はひどく落胆した。見届けていたアドバイザーの小林氏も落胆した。

OK文

激戦の末のプレゼン敗退に、私はひどく落胆した。見届けていたアドバイザーの小林氏も、思わず天を仰ぎました。

　場合によっては、言葉のくり返しを避けるのではなく、OK文のように別の表現に言い換える方法もあります。その際に求められるのは語彙力です。語彙力は、本を読むなどして身につけるのが理想ですが、昨今はネット上に、手軽に使える「weblio」などの類語辞典サイトもあります。上手に活用しながら、くり返しのない文章を書くようにしましょう。
　また、以下のように同じ内容（意味）の文章を並列で書くときにも、表現のくり返しに注意しましょう。

NG文

同じメールマガジンでも、携帯の画面で見るときと、パソコンの画面で見るときとでは、見え方がまるで違う。

　「見るときと」が連続で登場します。意味は理解できますが、ややまどろっこしい印象です。

OK文1

同じメールマガジンでも、携帯の画面とパソコンの画面では、見え方がまったく違う。

　「携帯画面で見るときと」と「パソコン画面で見るときと」を1つにまとめることによって、文字数も少なくなりました。こちらのほうがすっきりと読みやすくなりました。

OK文2

同じメールマガジンでも、携帯とパソコンの画面では、見え方がまったく違う。

　OK文1で連続して登場する「画面」という言葉も1つに統合しました。さらに簡潔になり、読みやすくなりました。

NG文

サッカーを観戦しても、陸上を観戦しても、相撲を観戦しても、すぐに興奮してしまう。

OK文

サッカーに陸上に相撲。どれを観戦しても、すぐに興奮してしまう。

NG文

立地を基準に選ぶのがいいのか、間取りを基準に選ぶのがいいのか、はたまた家賃を基準に選ぶのがいいのか、悩ましい。

OK文

立地、間取り、家賃、何を基準に選ぶのがいいのか、悩ましい。

　なお、文章技法の中には、同じ表現をくり返すことで、メッセージを「あえて強調する」という方法があります。

強調小　それが本当の優しさ、教育、愛ではないのか？

強調中　それが本当の優しさであり、教育であり、愛ではないのか？

強調大　それが本当の優しさではないのか？　それが本当の教育ではないのか？　それが本当の愛ではないのか？

　このように、くり返しを上手に使うことで、読み手の感情を揺さぶったり、メッセージを深く突き刺したりすることができます。

　もっとも、これは意見や主張を熱く語るときなどに限られます。実務色が濃い仕事上の文章では、同じ表現のくり返しは、あまり好まれません。読み手に「暑苦しい」あるいは「クドい」と思われないよう、十分に注意しましょう。

No. 14 必要のない言葉遣いを削ろう

　何度も言いますが、読み手に喜ばれるのは、簡潔な文章です。ダラダラと書きがちな人は、必要のない言葉遣いを削って、文章を簡潔にしましょう。

NG文
対人交渉力というのは、会社で認められていくためにも、彼自身の将来を考えていくうえでも、極めて重要な能力だと言うことができるでしょう。

OK文
対人交渉力は、会社で認められるためにも、彼自身の将来を考えるうえでも、極めて重要な能力だと言えるでしょう。

NG文
本日中にご購入していただいた方には、オリジナルのトートバッグをプレゼントするようにいたします。

OK文
本日中にご購入いただいた方には、オリジナルのトートバッグをプレゼントいたします。

　どちらのNG文も意味こそ理解できるものの、歯切れが悪く感じられます。そこで、余計な言葉を削ったのがOK文です。よどみなく読めるようになりました。簡潔になったことで、頭にも入ってきやすくなりました。

不要な言い回しは「クドい文章」の元凶です。クセになっている人は、特に注意が必要です。本当にその言葉遣いが必要かどうか、慎重に見極めましょう。

- 明日までに改善するとします→明日までに改善します
- 株価が下がってきています→株価が下がっています
- 伝えるようにします→伝えます
- 外注するということを考えています
  →外注しようと考えています
- この分野においては→この分野では
- 反対とは言えないのです→反対とは言えません
- 〜を目標とするものです→〜を目標とします
- と交渉していくうえでも→と交渉するうえでも
- 研修に参加するわけです→研修に参加します
- 一両日中に報告したいと思います→一両日中に報告します
- 会議を行います→会議をします
- 基本的に郵送でお願いします→郵送でお願いします

NG文 無料サポートなどの特典があります。
OK文 無料サポートの特典があります。

　「〜など」もクセで使いがちな言葉です。これは、「ほかにも存在する同種のもの」を省略して表現する言葉です。「無料サポート」以外に同種の特典がないにもかかわらず、NG文のような使い方をすると、トラブルに発展しかねません。気をつけましょう。

No. 15

指示代名詞が指す言葉がわかるように

　「これ」「それ」「あれ」「どれ」など、無意識のうちに使っている指示代名詞が、読み手の負担になっているとしたらどうしますか？ また、伝わらない文章の原因になっているとしたらどうしますか？ これは脅しではありません。頻繁に起きている事実なのです。

- 指示　これ・それ・あれ・どれ
- 形容　この・その・あの・どの
- 場所　ここ・そこ・あそこ・どこ
- 方向　こっち・あっち・そっち・どっち
　　　　こちら・あちら・そちら・どちら
- 様態　こんな・そんな・あんな・どんな
　　　　こう・そう・ああ・どう

　指示代名詞は、言葉のくり返しを避けるうえでたいへん便利なものです。しかし、受ける言葉がわからない状態で使うと、誤読や勘違いの原因になりかねません。**指示代名詞を使うのは、受ける言葉が明確なときだけにしましょう。**

NG文

子供たちの多くが親から安定志向のレールを敷かれ、主体性を失っている。将来、それが彼らにどういう影響を与えるのか、本当の意味で理解している人は少ない。

「それ」が「レールを敷かれていること」と「主体性を失っていること」のどちらを指しているのか、あるいは、その両方なのか、この文章ではわかりません。指示代名詞は、直前に候補が複数あると、読む人の混乱を招きます。同じく、「彼ら」も「子供たち」と「親」のどちらを指しているのか不明です。一度で理解できた人も、「おそらく、こうだろう」と予測しているに過ぎないのです。

OK文

子供たちの多くが親から安定志向のレールを敷かれ、主体性を失っている。将来、主体性の欠如が子供たちにどういう影響を与えるのか、本当の意味で理解している人は少ない。

　「それ」を「主体性の欠如」に、「彼ら」を「子供たち」にそれぞれ改善しました。この文章なら、予測に頼らず理解できます。

NG文

A社との打合せで「動画プロモーション」と「店舗キャンペーン」の同時展開について話し合った結果、そもそも、それが必要かどうか、再検討することになりました。来週の打合せでは、そのことについて話し合います。

OK文

A社との打合せで「動画プロモーション」と「店舗キャンペーン」の同時展開について話し合った結果、そもそも、同時展開が必要かどうか、再検討することになりました。来週の打合せでは、再検討した結果について話し合います。

No. 16 接続詞は取捨選択しよう

　文と文をつなぐ接続詞は、論理の流れを整える便利な言葉です。とはいえ、接続詞だらけの文章は読みにくいものです。

NG文

私は人に何かを説明するのが苦手です。したがって、仕事でプレゼンをするときには、事前に台本を作り、何度も練習をします。ところが、サッカーの話題だけは別で、いつでもスラスラと言葉が出てきます。しかも、具体的なデータを織り交ぜて、重厚なサッカー論を展開できるのです。ただし、声の大きさには自信がありません。また、声が低いこともコンプレックスです。

　文中に5つの接続詞を盛り込みました。論理こそしっかりしていますが、「読みにくい」「クドい」と感じる人もいるでしょう。

OK文

私は人に何かを説明するのが苦手です。仕事でプレゼンをするときには、事前に台本を作り、何度も練習をします。ところが、サッカーの話題だけは別で、いつでもスラスラと言葉が出てきます。具体的なデータを織り交ぜて、重厚なサッカー論を展開できるのです。ただし、声の大きさには自信がありません。声が低いこともコンプレックスです。

　「したがって」「しかも」「また」の3つの接続詞を省きましたが、

意味はすんなりと頭に入ってきます。NG文よりも理屈っぽさが消えて、文章にリズムも生まれました。つまり、省いた３つの接続詞は、もともと必須ではなかったのです。

一方、残したのは「ところが」と「ただし」の２つです。これらは「逆説」と呼ばれる接続詞で、接続詞前と後の内容が反対になるという特徴があります。この２つを省いてしまうと、論理の急展開や飛躍が生じて意味が伝わりにくくなるので、残して正解というわけです。

接続詞には、順接（そして／したがって）、逆説（しかし／ところで）、添加（また／さらに）、並列（ならびに／および）、対比・選択（それとも／もしくは）、説明・補足（つまり／ちなみに）、転換（さて／ところで）など、さまざまな種類があります。

なかでも重要なのが、クルっと話を反転させる「逆説」です。逆説の接続詞が目に入ると、人は「よし、ここから話が反転するのか」と心の準備ができるのです。

それに対して、**順接をはじめとした接続詞は、省いても意味が通じるものが少なくありません。**接続詞を使い過ぎて文章が理屈っぽくなったときは、省ける接続詞がないか検討してみましょう。

NG文

彼は第一印象がとてもいい。それに、仕事もできる。しかし、酒グセの悪さが気になる。

OK文

彼は第一印象がとてもいい。仕事もできる。しかし、酒グセの悪さが気になる。

No. 17 漢字だらけの文章は嫌われる

　漢字とひらがなの使い分けを意識できていますか？　一般的に漢字とひらがなには、次のような特徴があります。

漢字　堅苦しい、重い、仰々しい、読みにくい
ひらがな　やわらかい、軽い、親しみやすい、読みやすい

　特に気をつけたいのが、漢字が多過ぎる文章です。パソコンでは文字変換が簡単にできるため、つい難しい漢字を使いがちです。しかし、漢字だらけの文章はストレスを感じやすいものです。この傾向は新聞や雑誌、書籍などでも顕著です。昔は漢字で表記されていた言葉も、意識的にひらがなで表記される機会が増えました。

NG文
若しくは、曖昧な管理体制がこのまま常態化すれば、システムが機能不全に陥るかもしれません。不具合が発覚次第、直ぐに御連絡願います。

OK文
もしくは、あいまいな管理体制がこのまま続けば、システムが機能しなくなるかもしれません。不具合が見つかりましたら、すぐにご連絡願います。

　2つの文を比較したとき、読みやすくて理解しやすいのはOK文のほうでしょう。「若しくは→もしくは」「曖昧→あいまい」「直ぐ

に→すぐに」「御連絡→ご連絡」という具合に、NG文で使われていた漢字をひらがなに変更しました。

　また、「常態化すれば→続けば」「機能不全に陥る→機能しなくなる」「発覚次第→見つかりましたら」という具合に、小難しい表現は、平易な言い回しに変更しました。

　漢字を使いがちな人は「熟語動詞」（名詞＋する）を多用している可能性もあります。これは、簡潔な文章を書くときに役立つ反面、読み手を堅苦しい気持ちにさせることもあります。熟語動詞を使いそうになったら、ほかの言葉への言い換えを検討しましょう。

NG文

繁忙期になると、生産効率が低下します。パートを雇用すれば、現場の負担は軽減し、生産効率も向上するはずです。

OK文

繁忙期になると、生産効率が下がります。パートを雇えば、現場の負担は軽くなり、生産効率も上がるはずです。

熟語動詞の置き換え例

決定する→決める	開催する→開く	活用する→使う
確認する→確かめる	行使する→使う	分割する→分ける
思考する→考える	激励する→励ます	援助する→助ける
拡張する→広げる	起床する→起きる	比較する→比べる
接続する→つなぐ	作成する→作る	遅延する→遅れる

　このように、**熟語動詞をほかの言葉に置き換えると、堅苦しさが消えて、読みやすい文章になります。**

なお、接続詞もひらがなで表記する機会が増えました。「或いは」と漢字で書かれても、「あるいは」と読めない人もいます。クセで書きがちな方は注意しましょう。

接続詞の置き換え例

更に→さらに　　但し→ただし　　及び→および
並びに→ならびに　　又は→または　　故に→ゆえに
従って→したがって　　然し→しかし　　即ち→すなわち
因みに→ちなみに　　尚且つ→なおかつ　　所が→ところが

そのほか、ひらがなを使う場合が増えてきた言葉をご紹介します。

敢えて→あえて　　何故→なぜ　　余り→あまり
予め→あらかじめ　　幾つ→いくつ　　色々→いろいろ
折角→せっかく　　是非→ぜひ　　段々→だんだん
殆ど→ほとんど　　益々→ますます　　既に→すでに
遥々→はるばる　　若し→もし　　矢張り→やはり
僅か→わずか　　様々→さまざま　　時々→ときどき
精々→せいぜい　　直に→じかに　　概ね→おおむね
一層→いっそう　　居る／居り→いる／おり
割りと→わりと　　所謂→いわゆる　　概ね→おおむね
毎→ごと　　大分→だいぶ　　沢山→たくさん
度々→たびたび　　丁度→ちょうど　　成る→なる
迄→まで　　滅多に→めったに　　以って→もって
余程→よほど　　上手く→うまく　　全く→まったく
遂に→ついに　　無い／無く→ない／なく　　素敵→すてき

> 位→くらい／ぐらい　　恐らく→おそらく　　一旦→いったん
> 可き→べき　　様だ→ようだ　　相だ→そうだ
> 有難い→ありがたい　　詰まらない→つまらない
> 可愛い→かわいい　　面白い→おもしろい　　流石→さすが
> 可笑しい→おかしい　　頂く／戴く→いただく
> 素晴らしい→すばらしい　　羨ましい→うらやましい
> 兎に角→とにかく　　一寸→ちょっと　　挨拶→あいさつ
> 御馳走→ごちそう　　貴方／貴女→あなた　　此れ→これ
> 其れ→それ　　此処→ここ　　其処→そこ　　何処→どこ
> 何方→どなた　　如何→いかが　　何時→いつ

「久しぶり／ひさしぶり」「紛らわしい／まぎらわしい」「確か／たしか」など、漢字とひらがなのどちらでもよさそうな言葉も少なくありません。ただ、ひらがなだらけの文章は、それはそれで読みにくいものです。

　漢字とひらがなのバランスは３対７程度が理想とも言われていますが、それも目安の１つに過ぎません。TPOに応じて、臨機応変にコントロールできるようにしておきましょう。

　なお、SNSでの個人的な投稿など、砕けた文章が許される場であれば、カタカナを使ってポップな雰囲気を演出してもいいかもしれません。たとえば、「心」を「ココロ」、「辛い」を「ツラい」、「旦那」を「ダンナ」とするなど。特に仕事で硬めの文章を書いている方の場合、個人的な文章まで硬くなりがちです。たまには自由な表現を楽しんで、硬直しつつある（？）文章を解きほぐしてあげましょう。

No. 18

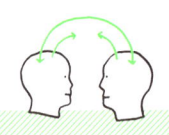

二重否定はなるべく肯定表現にしよう

NG文 納期に間に合わないわけではありません。

　このように否定の言葉が連続する文章を二重否定と言います。これには「消極的な肯定」や「控えめな断定」というニュアンスがあります。つまり、**二重否定を使うとき、書き手は「積極的な肯定」や「完全な断定」**とはあきらかに違う意味を込めているのです。

　文章表現の1つの手法として、二重否定が有効であることは間違いありません。

　一方で、仕事のメールなどで二重否定を使うと、誤解やトラブルの火種になりかねません。表現があいまいで、紛らわしいからです。「納期に間に合わないわけではありませんって、どういうことですか？　結局、間に合うのですか？　間に合わないのですか？」と相手に詰め寄られても文句は言えません。

OK文1

写真を本日中にいただければ、納期に間に合います。

OK文2

写真を本日中にいただけなければ、納期には間に合いません。

　OK文1と2は正反対の結論ですが、結論がはっきりしている点で共通しています。つまり、メッセージが明確です。この文面であれば、相手に「結局、間に合うのですか？　間に合わないのですか？」と詰め寄られる心配はありません。

NG文 契約違反と言えないこともない。
OK文 おそらく契約違反だろう。

NG文 アイデア次第では、成功する可能性がないこともない。
OK文 アイデア次第では、成功する可能性がある。

NG文 その方法なら、ノルマを達成しないこともないでしょう。
OK文 その方法なら、ノルマを達成するでしょう。

NG文 佐々木部長がそのプランに反対しないとも限らない。
OK文 佐々木部長がそのプランに反対するかもしれない。

NG文 断らない理由はありません。
OK文 断ります。

　ビジネスシーンで使う伝達目的の文章では、何よりも正確性が求められます。あいまいで誤解を招きやすい二重否定ではなく、できる限り「〜である」のような肯定表現を用いましょう。

　その際、「肯定の条件」をあわせて書くのがポイントです。「写真素材を本日中にいただければ（条件）→納期に間に合います（肯定）」「費用面での折り合いがつけば（条件）→契約を交わします（肯定）」という具合です。

　「二重否定」と「条件付きの肯定」の違いは、前者は抽象的でわかりにくく、後者は具体的でわかりやすい点です。二重否定の文章がクセになっている人は、意識して肯定的な表現を心がけましょう。

第 **2** 章

実践・文章コミュニケーション _ 01

だから、仕事が捗るメールの勘所

本章では、今さら聞けない「メール」の特性＆セオリーをお伝えするほか、依頼や催促、断りなど、シチュエーション別の書き方も大公開。
書き方のコツを自分のものにすれば、仕事でよりよい成果を出せるようになります！

No. 19

メールの強みと弱みを把握しよう

　仕事をするうえで、メールはとても便利な情報伝達ツールです。電話という、これまた便利な伝達ツールがありながらも、多くの人が仕事の連絡にメールを利用するのはなぜでしょうか？　それは、メールに次の6つの強みがあるからです。

① 相手の都合＆時間を気にしなくていい

　少し乱暴な言い方をすれば、電話はかける側が相手の時間を一方的に奪う行為です。一方、メールの場合、それをいつ読むかは受信者次第です。つまり、送信者は相手の都合を気にせず、好きな時間にメールを送ることができるのです。

② 履歴が残る

　電話や対面では、情報共有がお互いの"記憶頼り"になりがちです。そのため、「言った／言わない」のすれ違いが起きやすくなります。一方、メールであれば、過去のやり取り（履歴）が両者に残されるため、「言った／言わない」のすれ違いを招くリスクが低くなります。もちろん、「履歴＝健忘録」としても役立ちます。

③ 資料や写真も送れる

　メールでは、文字と一緒に写真やイラストなどの画像、あるいは、請求書、企画書、見積りなどの書類ファイルを送ることができます。

4 複数人で同一の情報を共有できる

　CCやBCCを使えば、1つの情報を複数の人で共有できます。また、転送機能を活用することでも、同様の情報共有ができます。

5 通信費用がかさまない

　メールのやり取りには、ほとんど費用が発生しません（完全なゼロではありません）。コストパフォーマンスの高さはピカイチです。

6 手紙ほど手間がかからない

　メールでは、手紙ほど形式を重んじる必要がありません。また、パソコンを使えば文字の加筆修正も簡単にできます。

　もちろん、強みがあれば弱みもあります。

1 相手がメールを読んだかどうかの確認がしにくい
2 しばしば相手に誤解される（あるいは自分が誤解してしまう）
3 ブレインストーミングや込み入った意見交換に不向き
4 急を要する連絡に不向き

　プロローグでもお伝えしましたが、メールは決して万能なツールではありません。使い方を間違えると、相手を傷つけたり、信用を失ったりするリスクをはらんでいます。正しく使うためには、メールのメリットとデメリットを把握しておくことが肝心です。

No. 20 知らなきゃ損するメールのルール

　メールにはいくつか押さえておきたいルールがあります。知らずにルールを破ると、情報が正しく伝わらなかったり、時間効率が低下したりと、相手も自分も困ることになります。

❶ テキストメールで送る

　メールには、主に「テキストメール」と「HTMLメール」の2種類があります。テキストメールは文字だけで構成され、大きさや書体を変えたり、背景をつけたりすることはできません。通常、こちらの形式を仕事に使います。

　一方、HTMLメールは文字の大きさや書体を変更したり、背景をつけたりできますが、受信側の環境次第では表示されない（表示が崩れる）場合があります。仕事では使わないほうが賢明です。

❷ 機種依存文字は使わない

　機種依存文字とは、パソコンの種類やOS環境、ソフトウェア次第では正しく表示されない恐れがある文字のこと。仕事で使うと誤解やトラブルの原因になることがあります。

囲み英数字・文字	①②③④⑤⑥⑦⑧⑨⑩㊤㊥㊦㊧㊨
ローマ数字	Ⅰ Ⅱ Ⅲ Ⅳ Ⅴ Ⅵ Ⅶ Ⅷ Ⅸ Ⅹ ⅰ ⅱ ⅲ ⅳ ⅴ ⅵ ⅶ ⅷ ⅸ ⅹ
省略文字／年号	㈱㈲㈹明治大正昭和平成№K.K.℡
単位記号	㍉㌔㌢㍍㌘㌧㌃㌶㍑㍗㌍㌦㌣㌫㍊㌻㎜㎝㎞㎎㎏㏄㎠
数字記号	≒ ≡ ∫ ∮ Σ √ ⊥ ∠ ∟ ⊿ ∵ ∩ ∪

ちなみに、機種に依存しない文字や記号には以下のようなものがあります。仕事のメールに使っても問題ありません。

```
、。，．・：；？！゛゜´｀¨＾￣＿ヽヾゝゞ〃仝々〆
〇ー―-／＼〜∥｜…‥‘’“”()〔〕[]{}〈〉《》「」『』
【】＋－±×÷＝≠＜＞≦≧∞∴♂♀°′″℃￥＄¢
£％＃＆＊＠§☆★○●◎◇◆□■△▲▽▼※〒
→←↑↓＝
```

❸「開封確認」と「重要度の設定」は使わない

　メールソフトには、「開封確認」や「重要度の設定」の機能がついているものがあります。開封確認とは、送信したメールを受信者が開いた際に「開封した」ことを知らせてくれる機能です。

　また、重要度の設定とは、「高」「通常」「低」という具合にメールの重要度を段階で分けられる機能です。重要度を設定してメールを送ると、受信者側にアイコンなどで表示されます。

　どちらもたいへん便利な機能ですが、ビジネスでの使用は避けたほうがいいでしょう。なぜなら、開封確認は「監視」、重要度の設定は「押しつけ」のニュアンスを含んでいるからです。

　言い換えれば「送り手都合」の機能なので、不快に思う人もいるはずです。どうしても使いたいときは、「〇〇のケースでは重要度設定をしましょう」という具合に、事前に相手と取り決めをしておくといいでしょう。

No. 21

あらためて押さえたいメールの基本型

　ビジネスでのメールには、基本のフォーマットと、それに伴うマナーがあります。それらを身につけていないと、メールだけで相手に「マナー知らず」と判断されかねません。そのように思われた瞬間から、「非常識な人」「失礼な人」「誠意に欠ける人」という評価がついて回ります。基本を知らないということは、社会人にとって大きなリスクなのです。

宛先：sasaki@xx.co.jp
CC：shimura@jitsumu.co.jp ❶
件名：PP企画の草案送付 ❷

テンデン社
佐々木さま ❸
CC：志村（弊社）

お世話になっております。❹
実務教育出版の吉田です。❺
先日はお打合せをいただき、誠にありがとうございました。❹

その際にお話が出たPP企画の件でご連絡差し上げました。❻

A社からも快諾をいただきましたので、
さっそく企画の草案を作成いたしました。

ご多忙のところ恐れいりますが、
添付のPDFをご確認いただけますでしょうか。

修正点を含め、ご意見、ご要望がございましたら、
何なりとお申しつけください。❼

引き続き、よろしくお願いいたします。❽

株式会社実務教育出版 企画部
吉田一郎（Ichiro Yoshida）
〒163-8671　東京都新宿区新宿1-1-12
TEL.03-3355-1812 FAX.03-5369-2237
E-mail：yoshida@jitsumu.co.jp
会社URL：http://www.jitsumu.co.jp ❾
----

❶ CC（BCC）

「CC」は、メール内容をほかの人に参考として確認してもらいたいときに使います。この例では、テンデン社の佐々木さんへのメールを、自社の志村さんにも読んでもらいたい、という場合です。

「CC」のアドレスは、メール受信者に公開されます。また、逆にメール受信者のアドレスも「CC」の受信者に公開されます。本文の宛名の下に「CC：〇〇様」と書いて、メール受信者に「あなた以外にも、このメールを読んでいる人がいます」と知らせるのがマナーです。

一方、「BCC」のアドレスは、宛先や「CC」の受信者には表示されません。メール相手にほかの受信者がいることを伏せたい、あるいは、ほかの受信者のアドレスを知らせたくないというケースで使います。

　ちなみに、筆者は「BCC」をできる限り使わないようにしています。なぜなら、誤って「BCC」ではなく「CC」にアドレスを入力したときに、トラブルになる恐れがあるからです。「BCC」を使うときには、細心の注意を払いましょう。

❷ 件名

　メールのタイトルとなる部分です。メールの内容をわかりやすく簡潔に表すようにしましょう（74ページ参照）。

❸ 宛名

　メールを送る相手の名前を書きます。まだ関係性ができ上がっていない相手であれば、氏名のほかに、会社名、所属部署、役職なども明記したほうがいいでしょう。関係性ができ上がって頻繁にやり取りするような相手に対しては、「会社名＋名前」「会社名＋苗字」「苗字のみ」など簡略化してもOK。

　簡略化の度合いは、相手との関係性を考えて失礼にあたらない範囲で行いましょう。会社名や部署名の長さにもよりますが、宛名は2行以内に収めるのがスマートです。

　会社や組織、団体であれば「御中」、送る相手が複数いるときは「各位」や「〜の皆さま」を使います。「高木課長様」のように、役職に「様」を付けるのは誤り。「株式会社○○御中　高木課長」という具合に、敬称を重ねるのも誤りです。注意しましょう。

④ あいさつ

　ビジネスのメールでいきなり用件を書き始めるのは失礼にあたります。社外であれば「はじめてメールを差し上げます」「お世話になっております」などがよく使われます。

　もちろん、通り一遍の決まり文句だけでなく、「突然のメールで失礼いたします」「早速ご連絡いただき、ありがとうございます」「先日は面会の機会をいただき、ありがとうございました」など、相手との関係性に応じた「あいさつ」が書ければ、よりスマートです。

　なお、社内メールでよく使われるあいさつは「お疲れ様です」です。短時間で何度もメールでのやり取りが続くときなどは、あいさつを省く臨機応変さも必要です（クドいようですが、何を盛り込むか、何を省くかは、相手との関係性や状況によります）。

⑤ 自己紹介

　自分が何者かを明記します。基本は「会社名＋氏名」ですが、会社の規模が大きい場合などは部署名も入れましょう。

　また、相手が自分の会社を知らないようなケースでは、「株式会社〇〇の吉田と申します。家庭用医療機器の営業を担当しております」「株式会社〇〇の吉田と申します。弊社では飲食店様向けに集客サポート業務を行っております」などのように具体的な自己紹介をして、相手に「この会社は何？」「この人は誰？」と思われないようにしましょう。

　自分が何者かを書くことは当たり前ですが、意外にできていない人が多いもの。「この人、誰？」と思われた時点で、そのメールは読んでもらえなくなるかもしれません。十分に注意しましょう。

6 前置き

本文に入る前にメールの目的や理由を簡潔に伝えましょう。

「先日いただいたご質問の回答になります」「○○の件でご相談がございます」「アンケートの集計結果をご報告いたします」「お見積書ができましたので、お送りいたします」など、前置きを入れることによって、その後の本文が頭に入りやすくなります。短い文面のメールの場合、この前置きが本文の役割をはたすこともあります。

7 本文（用件）

メールで相手に一番伝えたい用件を書きます。わかりやすさ・簡潔さ・具体性、特にこの３つを意識しましょう。

8 結び

用件だけ書いて終わりでは、相手にいい印象を持たれません。必ず最後は「どうぞよろしくお願いいたします」などのあいさつで結びましょう。メール内容の流れに応じて、「明日お会いできるのを楽しみにしております」「ご検討のほどよろしくお願いいたします」など変化をつけられれば、なおスマートです（76ページ参照）。

9 署名

会社名、所属部署、氏名、住所、電話番号、FAX番号、メールアドレス、会社URLなどを記しておきます。

筆者のところにも、時々お会いしたことのない方（会社）から署名がないメール、あるいは署名に名前と電話番号くらいしか書いていないメールが届くことがありますが、その時点で「怪しい……」という気持ちに支配されてしまいます。相手に信頼してもらうため

にも、署名は必ず入れるようにしましょう。

　もちろん、すべては相手との関係性と状況次第です。何度もやり取りするようなメールでは、毎回ていねいに署名を入れる必要はありません。「氏名＋電話番号」だけ入れるなど、臨機応変に省くようにしましょう。

　なお、メールの本文があまりに長くなり過ぎる場合は（パソコンの3画面程度が目安）、用件をテキストで添付する方法を検討しましょう。テキストにまとめてしまえば、たとえば、次のようなメールで済むことになります。

> 明日録音する新製品案内のナレーション原稿をお送りいたします。
> Wordテキストを添付しています。
> ご確認のほどよろしくお願いいたします。

　本文に長々とナレーション原稿が書かれているよりも、相手は読みやすいはずです。また、テキストで添付しておけば、保管や印刷もしやすく、相手が原稿を修正するときも負担が少なく済みます。

　また、請求書や提案書、見積書、報告書、企画書、進行表など、あらかじめ1つの書式にまとめられているものは、メール本文にコピーせずに、添付ファイルで送信するのが原則です。

　ファイルを添付する際は、メール本文にその旨、添付したファイルの概要、（ものによっては）ファイル形式などを明記するようにしましょう。

No. 22

読む／読まないは件名で決まる

　メール受信者が最初に確認するのが件名です。件名を確認した瞬間に、そのメールを読むかどうかを判断します。

　受信者に「迷惑メールっぽい」「自分に関係がなさそう」「読む気にならない」と思われれば、開封を後回しにされかねません。最悪、誤ってゴミ箱に入れられてしまうことも……。

NG文 ▶ お世話になっております

　仮にあなたが、この件名のメールを受け取ったら、すぐに開封したいと思いますか？　開封どころか、何かの迷惑メールかもしれない…と不審に思うのではないでしょうか。なかには「用件はいったいナニ？」と腹立たしく感じる人もいるかもしれません。

　これがもし本当に仕事のメールであれば、相手のことを考えずに書いた、"伝わらない件名"と言わざるを得ません。

OK文1 ▶ 電気配線工事のお見積り

　この件名であれば、見た瞬間にどんな内容のメールかわかります。迷惑メールと勘違いされて削除されることもなく、メールの開封率や返信率も高まるはずです。仮にすぐに開封されなくても、受信ボックスで「電気配線工事〜」という文字が見えていれば、完全に忘れられてしまうことはありません。

OK文2

電気配信工事（2月4日）のお見積り／株式会社ゴエモン・篠崎

　これくらい具体的に書いておけば、受信者に一発で「あの見積りね」と認知してもらえるはずです。開封率も高まって、メールを「見た」「見ない」の行き違いも減るでしょう。

- ご案内→【ご案内】株式会社まみいの新製品発表会
- お礼→4月20日の新人研修のお礼
- 重要→【重要】交友会の物販決済システムの変更
- 企画プレゼンの件→△△市アシスト事業・企画プレゼン概要

「お礼」「ご連絡」「ご確認」「お願い」「ご報告」「お知らせ」「至急」「重要」などは、具体性を欠いた書き手本位の件名です。使うときは、具体的な言葉を併記するようにしましょう。

　また、**「お世話になります」「こんにちは」「お疲れ様です」「お願いがあります」「ご相談があります」などのあいさつだけの件名、「清水です」のように名前だけの件名も、相手に不親切です。**

　なお、用件が2つあるときは「商品A資料送付とお打合せの件」という具合に、両方を表記するといいでしょう（2つの用件にまったく関連性がないときは、別々のメールで送るのがベター）。

　件名に具体性がないと、「読まれない」「返信が得られない」「不信を買う」などの事態を招き、結局は送り手自身が困ることになります。伝わるメールの第一歩は、"具体的な件名にあり"と心得ておきましょう。

No. 23 相手を動かす結びの言葉

「よろしくお願いいたします」は、あらゆるメールに使える、とても使い勝手のいい結び言葉です。とはいえ、それさえ書いておけば、すべてOKというわけではありません。

NG文
資料をお送りいたします。よろしくお願いいたします。

相手に何かしらの行動を期待しているなら、相手の行動を促す言葉を書く必要があります。

OK文1
資料をお送りいたします。ご一読のうえ、確認のご連絡をいただければ幸いです。よろしくお願いいたします。

確認の連絡がほしい旨を伝えることによって、相手は「資料に目を通さなければいけないな」という気持ちになるはずです。
ほかにも、目的に応じて、いろいろな促し方が考えられます。

OK文2
資料をお送りいたします。お手数ですが、内容をご確認のうえ、不備等ございましたら、ご連絡いただけますでしょうか。よろしくお願いいたします。

「資料を送れば、当然、相手は中身を確認するだろう」というのは、思い込みに過ぎません。人は指示されないと、なかなか動かない生き物です。したがって、**相手に何かしらの行動を望むときは、その行動をはっきりと指示する必要があります**。もちろん、命令調や押しつけがましい言い回しは慎むべきですです。はっきりと指示しながらも、丁重でなければいけません。相手の行動を促すときは「指示」と「配慮」、この２つのバランスがとても大切です。

NG文

懇親会を予定しております。よろしくお願いいたします。

OK文

懇親会を予定しております。お手数ですが、本日中に出欠のご返信をいただけますでしょうか。よろしくお願いいたします。

NG文

５日のお打合せは13時に変更になりました。よろしくお願いいたします。

OK文

５日のお打合せは13時に変更になりました。お間違えないようお越しくださいませ。よろしくお願いいたします。

NG文

Ａ案とＢ案を用意いたしました。よろしくお願いいたします。

OK文

Ａ案とＢ案を用意いたしました。恐縮ですが、忌憚のないご意見、ご助言をいただければ幸いです。よろしくお願いいたします。

No. 24 カドが立たない「断り文」

　依頼や要望、お誘いに対して「断りメール」を送るのは、それなりに気を遣うものです。断り方に、礼儀や敬意、配慮が感じられないと、相手の気分を害してしまう恐れがあるからです。

> ご案内いただいていたプレス向け試写会ですが、
> 今回は参加を見送らせていただきます。
>
> 今後ともよろしくお願いいたします。　　　　　　　　NG

　この文面では、あまりに素っ気なさ過ぎます。気になるのは、「今回は参加を見送らせていただきます」という断りの回答をフォローする内容が見当たらない点です。
　相手にしてみれば、「どうも気乗りがしないので、行きません」と冷たく言い返された気分ではないでしょうか。文面から配慮や敬意が感じられないのも、マイナスポイントです。

> このたびは、プレス向け試写会のご案内をいただき、
> 誠にありがとうございます。❶
>
> せっかくのお誘いなのですが、
> 当日は弊社主催のイベント日にあたるため、
> 残念ながら、駆けつけることができません。❷
> ご期待に添えず、申し訳ございません。❸

> これに懲りず、またの機会にご案内いただければ幸いです。❹
>
> 今後ともよろしくお願いいたします。❹
>
> OK

「見送らせていただきます」を「残念ながら、駆けつけることができません」に変えるだけで、メールから受ける印象が大きく変わりました。

また、断る理由を「弊社主催のイベント日にあたるため」と、明確にしている点も好感度大。「せっかくのお誘いなのですが」や「ご期待に添えず、申し訳ございません」という文面にも、誘ってくれた相手に対する敬意や礼儀が感じられます。

❶ お誘いに対して感謝を示す
❷ 誠意を持って断る
❸ 誠意を持ってお詫びする
❹ 今後も継続して付き合ってほしい旨を伝える

「断りメール」を書くときには、上記❶〜❹を意識して文面を紡ぐとカドが立たないでしょう。気をつけたいポイントは、「誠意を持って」です。

特に、取引先や仕事関係者を相手にする場合、「継続的なお付き合い」を視野に入れた返答が求められます。たった一度の不用意な断りメールを送ったせいで、相手との関係性を壊してしまわないよう注意しましょう。

No.25

あいまいな「返事」で誤解を与えない

　断りのメールを書くときは、意思表示を明確にする必要があります。中途半端な意思表示では、相手に誤解を与えかねません。

- 交流会には、なるべく参加したいと思います。
- 交流会には、できる限り参加します。
- 交流会には、おそらく参加できそうです。
- 交流会には、参加するのが難しいかもしれません。
- 交流会は、不参加になるかもしれません。

　「なるべく」「できる限り」「おそらく」「思います」「かもしれません」などの表現を使った上記は、いずれも「100％不参加」の意味ではありません。参加に含みを持たせています。
　「あわよくば参加したい」と思っているのかもしれませんが、相手にしてみれば、これほど迷惑な回答はありません。参加人数がわからなければ、準備にも支障を来しかねません。

> その日は大阪出張が入る可能性がございます。明日（29日）の午前中には、スケジュールが確定しますので、明日14時まで出欠の回答をお待ちいただくことはできますでしょうか。決まり次第、ご連絡を差し上げます。

　このように、出欠がはっきりしない場合は、ひとまず「現時点では出欠を決められない旨」と「回答を待ってもらえるかどうかのお

うかがい」、そして「待ってもらえる場合、いつまでに出欠の連絡をする旨」などを伝えるようにしましょう。

- 参加の連絡をする→のちにキャンセル（不参加）の連絡をする
- 欠席の連絡をする→参加できるようになった段階で連絡をする

　相手との信頼関係を考えたとき、前者は最悪です（いわゆる「ドタキャン」もこのケースです）。費用面で相手に損害を与えてしまうかもしれません。それと同時に、「約束を簡単に破る人」と見なされて、信用を落としてしまう恐れもあります。
　どうしても出欠がはっきりしないときは、後者の流れを意識しましょう。いったん欠席の連絡をしておいて、100％参加できるようになった時点で、あらためて「都合がつきました。急なお話で恐縮ですが、参加することはできますでしょうか」と連絡をするのです。

　メールに限りませんが、意思表示を保留にするという行為は、相手の時間を奪う行為です。保留にしている間、相手の仕事（段取り）がストップしてしまう恐れがあるからです。
　したがって、何かしらの判断を求められたときは、意思を明確にするのがマナーです。どうしても保留にしたいときは、いつまで猶予をもらえそうか相手に確認を取りましょう。くれぐれも「なるべく」「できる限り」「おそらく」「思います」「かもしれません」……等々、あいまいな返事をしないように！

No.26

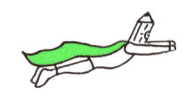

「返信」は相手の期待を上回ろう

　相手の期待を上回る返信ができる人は、おそらく周囲からの信頼も厚く、仕事もできる人ではないでしょうか。

> 廣田くん、お疲れさまです。再来週の19日（金）あたりに、大林さんの送別会を開きたいと考えています。できれば廣田くんに幹事をお願いしたいのですが、いかがでしょうか。
> 松村より

　仮に、このようなメールが直属の上司から来た場合、どのように返信すればいいでしょうか？

> 松村部長、お疲れさまです。
> 歓迎会の幹事の件、承知いたしました。

　松村部長にしてみれば、この返信でも十分に満足かもしれません。しかし、もう一歩踏み込むこともできます。

> 松村部長、お疲れさまです。
> 歓迎会の幹事の件、喜んでお受けいたします。❶
> 大林さんと参加者に楽しんでいただけるよう頑張ります。❷
>
> 会場のご希望などございますか。
> 駅前にあるイタリアン「LL-Pasta」に問い合わせてみたところ、

> 19日（金）19〜21時であれば、30人部屋の個室を押さえられます。
> 食事８品＋飲み放題で、１人4000円でいけるそうです。❸
>
> 大林さんにお花とプレゼントを贈ることも考えて、
> 参加費を１人5000円徴収できればと思います。❸
>
> 何かご意見、ご要望等あれば、お申しつけください。

　このような返信を受け取った上司は、大いに満足・安心するのではないでしょうか。「廣田くんに任せてよかった！」と思うはずです。
　特筆すべきは、はじめての返信にもかかわらず、すでに会場のあたりをつけて送別会の詳細を提案している点です。この"先回り力"は、相手を喜ばせる大きな武器となります。

❶ 幹事を快く引き受ける旨の伝達
❷ いい送別会にしたいという前向きな意思表示
❸ 先回りして会場案ほか詳細を提示

　❶〜❸が、この返信文の好感度ポイントです。もちろん、❸については、松村部長や、送別会の主役である大林さんのタイプを見極めながら慎重に行う必要があります。ふたりが日本酒好きであれば、イタリアンよりも和風居酒屋のほうが喜ぶかもしれません。
　返信を書くときには、**相手の要求・依頼・お願いに対して、期待をどれだけ上回れるかに力を注ぎましょう。**

No. 27

相手がOKしたくなる「依頼文」

　昨今、メールで人に依頼やお願い事をする機会が増えました。書き方次第で読み手に与える印象は大きく変わります。相手からOKをもらうためには、メールの文面を通じていい印象を与えなければいけません。

　では、「面識のない方に、いきなりメールで仕事の依頼をする」というシチュエーションで考えてみましょう。

1. 自分（送信者）が何者かを明確に伝える
2. 突然に、しかもメールで依頼をする非礼を詫びる
3. お願いの内容を明確に伝える
4. ほかの誰でもなく、あなた（受信者）に仕事を依頼したい理由を伝える

　相手の反応を見ながらコミュニケーションできる対面や電話と比べて、文字だけで意思疎通を図らなければならないメールは、極めて難易度の高いコミュニケーションと言えます。したがって、面識のない相手へ送る依頼メールとしては、最低限、上記❶～❹を盛り込む必要があります。

株式会社チンクン
北村秀一様

はじめてご連絡させていただきます。

私、月刊『○○○』編集部の山田忠雄と申します。❶

北村様に特集記事のインタビュー取材をお願いしたく
ご連絡いたしました。❸

小誌『○○○』は首都圏を中心に、
10万部の発行部数を誇る月刊情報雑誌です
毎月、街の△△△情報を紹介しております。❶

先日、北村様のご著書を拝読した際、
◇◇◇の記述に深い感銘を受けました。❹

つきましては、◇◇◇の第一人者である北村様から
◇◇◇についての率直なご意見を賜りたく存じます。❸❹

掲載予定号は5月1日発売の6月号。
特集の仮タイトルは「▲▲▲」です。
企画書を添付させていただきましたので、
ご覧いただければ幸いです。❸

突然の不躾なメールで、誠に申し訳ございません。❷

ご検討いただけますよう、よろしくお願いいたします。

A

　先に挙げた4つのポイントは、過不足なく盛り込まれています。
あなたがメールを受信した北村さんだった場合、少なくとも送信者

に対して悪い印象は抱かないでしょう。

では、このメールが次のような文面だったらどうでしょうか。

> 北村様
>
> はじめまして。
> 『〇〇〇』編集部の山田忠雄と申します。
>
> 小誌で企画している特集ページで、
> 北村さんのインタビュー談話を掲載できればと考えております。
>
> 取材を受けていただけるかどうか、
> ご返信のほどよろしくお願いいたします。
>
> **B**

メールAと比べると、誠意に雲泥の差を感じます。先に挙げた4つのポイント（❶送信者の明確化／❷非礼のお詫び／❸お願いの内容／❹あなたでなければならない理由）についても、❶や❸は中途半端な形でしか盛り込まれておらず、❷や❹に関しては、まったく盛り込まれていません。

これでは、送信者にいい印象を抱く人はほとんどいないでしょう。人によっては、「軽く見られている」と感じるかもしれません。

相手にいい印象を与えられていない最大の原因は、「想像力の欠如」にあります。メールを受ける相手が、どういう気持ちでこの文章を読むか、ということに対する想像力が甘いのです。

今回のメールの目的は、「取材を快諾してもらう」ことです。そのためには、メールを受け取った相手に「とても嬉しいメールが来

た！」「ぜひ取材を受けたい！」と思ってもらう必要があるはずです。
　ところが、メールＢには、受信者を喜ばせる言葉が見当たりません。それどころか、想像力と気遣いが足らないため、初歩的な信頼関係を築くことにさえ失敗しています。
　Ｂのようなメールを書きがちな人は、書く前に必ず次の２つの問いに対する答えを考えましょう。

- **快諾してもらうには、読み手（メール受信者）をどういう気持ちにさせる必要があるか？**
- **読み手をそのような気持ち（前者の答え）にさせるためには、何を書けばいいか？（どういう内容を盛り込む必要があるか？）**

　受信者の気持ちになって、よく考えてみましょう。前者の答えが「相手に喜んでもらう」で、後者の答えが先に挙げた４つのポイントと合致しているようなら、きっと相手からOKをもらえる、いい依頼メールが書けるはずです。

No. **28**

「催促メール」は逃げ道を用意しよう

　メールで何かしらの催促をするとき、つい上から目線の高圧的な文章や、妙に冷たい文章を書いてしまうことはありませんか？

> 記入をお願いしていたシステム利用者へのアンケートが、まだ届いておりません。至急お送りいただけますでしょうか。　**NG**

　一見、普通の内容ですが、この文面に「冷たさ」を感じる人もいるでしょう。約束した期日を過ぎての催促とあれば、時には厳しい言葉も必要かもしれません。しかし、相手との関係性を大切にしたいのであれば、催促の度合いには細心の注意が必要です。

　相手はうっかり忘れていたのかもしれません。あるいは、何かしらの理由で、アンケート記入済みの返信メールが届かなかったのかもしれません。もっと言えば、そもそも、こちらからのアンケート依頼のメールが相手に届いていなかったのかもしれません。

　厳しい催促をした後に、こちらに過失があったことが判明したらどうなるでしょうか。バツが悪くなる……で済めばまだマシなほうです。相手の気分を損ねてしまって、信頼関係が崩れてしまうかもしれません。

> 先週（９日）、システム利用者へのアンケートを送らせていただきました。お手元に届いておりますでしょうか。……確認
> 昨日（17日）の18時に締め切りを設定しておりましたが、今日現在、藤井様からの返信を確認できておりません。……暗に催促

> 何かしらの手違いで、アンケートが届いていなかった可能性もあるかと思い、ご連絡差し上げた次第です。……配慮
> 誠に恐縮ですが、ご確認いただけると幸いです。……配慮
> 念のため、本メールにも、以前お送りしたアンケートを添付しておきます。……アンケートを再度添付する
>
> **OK**

あきらかに相手に過失があるケースを除いては、OK文のように、こちらのメールが届いているかどうかの確認という体裁を取るのが無難です（暗に催促であることは伝わります）。

大事なのは、**「何かしらの手違いで〜」のような文章を挟み、相手に逃げ道を用意してあげる**ことです。感情任せに高圧的な催促をしてしまうと、相手の自己防衛本能が発動して「どうしてあなたの言う通りにしなければいけないの？」と態度を硬化させてしまう恐れがあります。

逆に言えば、逃げ道が用意されていれば、相手から「申し訳ありません。すっかり失念しておりました」とすぐに返信が来るかもしれません。何かしらの行動を望むときは、相手の立場になって、どうしたら行動しやすいかを考えましょう。

> お願い調　ご回答ください→ご回答いただけると幸いです

催促メールの場合、つい言葉がきつくなりがちです。仮に、相手に過失があったとしても、まずは「お願い調」でメールを書くようにしましょう。厳しい催促は最後の手段です。「切り札」として取っておきましょう。

No. 29

「報告メール」は項目別に書こう

　進捗状況の連絡をはじめ、報告メールを書くときには、情報のポイントを項目別に書くと、読み手に伝わりやすくなります。

> 技術開発部の山口です。
> 製品Zのセンサーに問題が発生したため、
> 現在、修正に取りかかっております。
> このため、開発の進行が予定より遅れております。
>
> **NG**

　製品開発の進捗を報告するメールですが、相手が知りたいポイントが具体的に盛り込まれていません。情報も整理されておらず、報告メールとしての役割をはたしていません。

> 技術開発部の山口です。
> 製品Zの開発に遅れが生じておりますので、
> ご報告申し上げます。
>
> 1）現在の状況
> 　　製品開発の進行が予定より約5日遅れている。
>
> 2）理由
> 　　センサーの感度が鈍い。
> 　　その結果、アームの可動域にバラつきが生じる。

> 3）対策
>   現在、センサーの対人感知機能の修正（基板交換）を実施中
>
> 4）今後の見込み
>   3日以内にセンサー感度とアームの可動域を確認したのち製品の組み立てに入る。
>   試作品の完成は11月6日（火）を予定。   **OK**

項目別に「現在の状況」→「今後の見込み」という流れで書いたメールであれば、状況の全貌を把握することができます。

なお、メールの基本形式は「左寄せ」ですが、報告メールなどでは、文頭にスペースを入れて空きを作る「インデント（字下げ）」の形式が重宝します。これを使えば、「大見出し→中見出し→小見出し」という構造を実現できるため、よりポイントを把握しやすくなります。下記はインデントを活用した一例です。

> ◆製品Zの進捗状況
>   ○製品開発
>   ・5日の遅れ（11月6日に試作品完成）
>   ○製品発表会
>   ・予定通り12月3日に開催予定
>   ・本日11月1日より、随時、関係者に案内ハガキを郵送

No. 30

「案内メール」は情報整理と見せ方がキモ

- 「案内の概要」をきちんと整理する。
- 「案内の概要」がわかりやすく伝わる「見た目」にする。

上記は、案内メールを作るときに心がけたいポイントです。

日頃より「エンジェルビート東雲店」をご愛顧いただき、
誠にありがとうございます。
来る3月3日(金)〜5日(日)の3日間、
開店3周年を記念して謝恩セールを行います。

セール期間中は、春の新作を含め、
店内の商品がすべて30％オフとなります。
ご家族、ご友人をお誘い合わせのうえ、ふるってご来店ください。

なお、本メールを印刷のうえご持参いただくか、
携帯などでメール画面をお見せいただいた方全員に、
「昔ながらのお風呂手ぬぐい」を差し上げます。
お近くのスタッフに遠慮なくお声がけください。

スタッフ一同、心よりお待ちしております。

───────────────

【「エンジェルビート東雲店」3周年謝恩セール概要】
日時：2015年3月3日(金)〜5日(日)

　　　　　10時〜18時（5日のみ17時まで）
会場：エンジェルビート東雲店
　　　　住所／東京都江東区北東雲1－2－3
　　　　TEL／03-1234-5678
地図URL
http://www.jitsumu.co.jp
セール内容：店内商品全品30％オフ（新作含む）

――――――――――――――――――――

　案内メールで大事なのは、概要です。上記の例で言えば、【「エンジェルビート東雲店」3周年謝恩セール概要】以降の内容に漏れがなく、なおかつ読みやすく整理されていればOKです。
　反対に、読んだときに「それで、お店は何時までやっているの？」「住所はどこだっけ？」と思われてしまってはNGです。5W3Hを駆使して（136ページ参照）、漏れのないよう準備しておきましょう。

　また、案内メールの目的は、情報を伝えることではなく、読み手に来店してもらうことです。「昔ながらのお風呂手ぬぐい〜」のように、相手が喜ぶ（来店したくなる）お得な情報を盛り込むことによって、目的を達成しやすくなります。
　何を書けば、相手は喜びますか？　何を書けば、相手の心は動きますか？　何を書けば、相手は行動したくなりますか？　「自己都合」で書きたいことを書くのではなく、メールを受け取る人の立場に立って、盛り込む内容を検討しましょう。

No. 31

「意見&提案」で伝えるべきは根拠と熱意

　意見や提案で最も大切なのは説得力です。それが欠けていれば、相手が賛成してくれる確率は下がります。説得力のある意見を書くには、次の2つのポイントが重要です。

❶ 根拠・理由

　意見の材料として、パワーがあるほど説得力が高まります。特に強いのが、具体的なデータ（数値）です。

❷ 自信・熱意

　せっかく説得力のある意見や提案でも、それを語る本人に自信がなければ、賛成されにくいものです。

　逆に言えば、意見や提案に賛成してもらいたのであれば、書き手自身が自信・熱意を持たなければいけません。

> 弊社のターゲットである主婦を対象に
> 「起業」テーマの講座をリリースしてはいかがでしょうか。
>
> これまで「趣味」のテーマが多かったので
> たまには「仕事」をテーマにするのも、おもしろい気がします。
>
> **NG**

　提案の目のつけどころは、いいのかもしれませんが、何1つとして根拠が示されていないために、説得力が感じられません。むしろ、

「そんな提案をして大丈夫なの？」と心配になってしまいます。

　また、「たまには〜おもしろい気がします」という言い回しも気になります。これでは「ほんの思いつきの提案ですが」と宣言しているようなものです。提案に対する、書き手の熱意が伝わってきません。

　また、文量も少な過ぎます。もちろん、多ければいいというものではありませんが、根拠や理由を示すのであれば、それなりの文量は必要となります。語るべき根拠や理由がないと見なされれば、相手に「やる気なし」と判断されても仕方ないでしょう。

弊社のターゲットである主婦を対象に
「起業」テーマの講座をリリースしてはいかがでしょうか。

これには２点、理由がございます。

１つは、出版ラッシュです。
今年に入って「主婦の起業」をテーマにした書籍が、
すでに20冊以上発売されています。
これは昨年一年間の発売冊数の５倍以上にあたります。
本が売れているということは、市場にニーズがある証拠です。

もう１つは、政府が女性の活躍促進を成長戦略の柱に掲げている点です。政府のお墨つきは「主婦起業」の追い風になるはずです。

以上のことからも、「起業」テーマの講座をリリースするのであれば、このタイミングしかないと考えております。　**OK**

NG文では根拠が何1つとして示されていませんでしたが、OK文では、「出版ラッシュ」「政府の後押し」という2つの根拠が盛り込まれています。特に「出版ラッシュ」は、「20冊以上」「昨年の5倍以上」という具体的な数字が示されているため、否定や反論の余地がありません。

　また、「おもしろい気がします」という"ぬるい"言い回しは姿を消し、「このタイミングしかないと考えております」という強い言葉が使われています。もしも、受信者が上司なら「こいつにチャンスを与えてみよう」と考えてくれるかもしれません。

　意見や提案をするときは、「根拠・理由」と同じくらいに、発言者の「自信・熱意」が大切です。提案するメールの文章に「なんとしてでも、これを実現させたいのです！」というようなエネルギーが含まれていなければ、読み手の心を動かすことはできません。

> 挙手ではなく、無記名投票で賛否を問うのもいいと思います。
> ご検討いただけますでしょうか。
>
> **NG**

> 挙手ではなく、無記名投票で賛否を問うのはいかがでしょうか。
>
> 挙手の場合、どうしても自分の意見が全員に知られてしまいます。おそらく、参加者の中には「大人の事情」で
> 自分の本心を表明できずにいる人もいるかもしれません。
>
> 一方、無記名投票であれば、
> 「大人の事情」に配慮する必要がなくなります。

> したがって、より公正で正確な結論を導き出すことができます。
>
> 前向きにご検討くださいますようお願いいたします。　**OK**

　OK文では、無記名投票を提案する根拠が示されています。また、語尾の表現からは、書き手の自信や覚悟が伝わってきます。

　NG文と読み比べたとき、その説得力や熱意の差は一目瞭然。読み手が賛成・賛同してくれる確率は、あきらかにOK文のほうが高いはずです。

　大事なのは「根拠・理由」と「自信・熱意」です。くり返しになりますが、文章で意見や提案をするときには、この2点をしっかりと意識しましょう。

No. 32

「お礼メール」は喜びを具体的に

　お礼メールは、人との信頼関係を築くために重要なものです。とはいえ、"ただ送ればいい"ものではありません。相手に喜びの気持ちが伝わらなければ、社交辞令と何ら変わらなくなってしまいます。

- 気持ちの伝わるお礼メール→喜びの気持ちを具体的に書いている
- 気持ちの伝わらないお礼メール→表面的なお礼の言葉だけを書いている

> 水野さま
> 昨日は素敵な会にお誘いいただき、ありがとうございます。
> とても楽しかったです。
> また、機会がありましたら、よろしくお願いいたします。　NG

　この文面では、お礼を言われた側の感情は動きません。「また機会がありましたら」とありますが、はたして、お礼を言われた側が「また誘いたい」と思うかどうか……疑問が残るところです。

> 水野さま
> 昨日は素敵な会にお誘いいただき、ありがとうございます。
> おかげさまで、小林さんや峰さんとも、楽しくお話させていただきました。
> お二方とも本当に魅力的で、すっかりファンになってしまいました。水野さんにいただいたご縁を大切にさせていただきます。

> 今後ともよろしくお願いいたします。　**OK**

　このお礼メールを読んだ水野さんは、「友人ふたりを紹介して、本当によかった」と思うのではないでしょうか。

　特に素晴らしいのが、「おかげさまで〜（中略）〜ファンになってしまいました」という具合に、喜びの気持ちを具体的に表現している点です。水野さんは、「そこまで喜んでくれたか！」と嬉しく思うでしょう。

　また、「水野さんにいただいたご縁」という具合に、読み手のおかげである点を強調している点もポイントです。お礼を言われる側にしてみれば、かなり心に響くフレーズではないでしょうか。

　ただお礼を伝えるのではなく、自分の喜びを具体的に書く。これこそが、お礼メールの勘どころと言えます。

　まわりからかわいがられている人ほど、相手を喜ばせるお礼メールを律儀に書いているものです。一方で、人から施しを受けた、あるいは、お願いを聞いてもらったにもかかわらず、お礼メールを送らない人は、自ら良好な人間関係や、大きなチャンスを遠ざけているかもしれません。「礼儀知らず」と思われても仕方ないでしょう。

　なお、お礼メールは「できるだけ早く送る」のがセオリーです。早過ぎて怒る人は、世の中にほとんどいないはずです。遅くとも24時間以内に送るよう心がけましょう。24時間を過ぎてしまうと、「今頃、お礼メールか」と思われてしまうかもしれません（もちろん、送らないよりはマシです）。内容と同時に、送るスピードにもこだわりましょう。

No.33 「抗議文」のポイントは冷静さ

　抗議メールを送るときに、怒りの感情をそのまま文章にする人がいます。気持ちはわかりますが、やみくもに感情をぶつけるのは子供の対応です。言うべきことを言いながらも決して熱くなり過ぎない、そんな「大人の対応」が求められます。

本日到着したファイル「整理くん」についての
お問い合わせになります。❶

商品をお送りいただき、ありがとうございます。❷
到着した商品を確認したところ、
整理くんの「30枚入り」ではなく、「10枚入り」でした。❸

先ほど注文書を確認しましたが、
「30枚入り」にチェックを入れております。❹
おそらく発送の際に何かしらの
手違いがあったのかと思います。❸❹

今週末に使いたかったので、たいへん困っております。❺

ご確認のうえ、至急、注文した「30枚入り」をお送りいただけると助かります。❻

なお、こちらに到着した「10枚入り」商品は

> どう処理すればよろしいでしょうか。
> ご指示をいただけますでしょうか。❼
>
> メールにて恐縮ですが、取り急ぎご連絡まで。

抗議メールに盛り込んだポイントは下記の7点です。

❶ 前置き→冒頭で、どういう用件のメールなのかわかりやすく書く
❷ お礼を伝える→お礼を言うべき点は言う
❸ 事実を伝える→できる限り簡潔に事実を伝える
❹ 責任の所在を明確にする→相手の「非」を伝える
❺ 気持ちを伝える→困っている点などを伝える
❻ 対応を促す→相手にしてもらいたい行動を伝える
❼ 補足→ほかに伝えることがあれば、追伸的に伝える

　抗議メールで必要なのは「興奮（怒り）」ではありません。むしろ、その逆で、できる限り「冷静」かつ「簡潔」に上記❶〜❼のポイントを盛り込むことが重要です。抗議における冷静さは、相手に「反省」と「迅速な対応」を促す効果があります。
　感情的になると文章も乱れがちです。理路整然と抗議するためにも、高ぶった感情のまま筆を走らせないようにしましょう。
　なお、どのくらい強く抗議にするかは、落ち度の大きさや、促したい対応、相手との関係性など、さまざまな条件を勘案する必要があります。ここでも求められるのは、「冷静さ」なのです。

No. 34

「急ぎの依頼」、お願いするコツと断るコツ

　急ぎの依頼をするときと、急ぎの依頼を断るときには、それぞれ受け入れてもらいやすいコツがあります。

- 急ぎの依頼をするとき→相談の形で伝える
- 急ぎの依頼を断るとき→「質」を理由にする

> 急遽カタログの早刷り見本が上がってきました。
> お忙しいところ申し訳ありませんが、校正していただき、
> 明日14時までにご返信ください。
> 　　　　　　　　　　　　　　　　　　　　　　NG

　「お忙しいところ申し訳ありませんが」と書いてはいるものの、最終的には「ご返信ください」と命令調になっています。急ぎのお願いであれば、もう少し低姿勢で行う必要があります。そうでなければ、相手の不満や怒りを買ってしまうかもしれません。

> 急遽カタログの早刷り見本が上がってきました。
> お忙しいところ申し訳ありませんが、校正していただき、
> 明日14時までに修正点等をご返信いただくことはできますでしょうか。
> 　　　　　　　　　　　　　　　　　　　　　　OK

　この文面なら、相手が気分を害すことはないでしょう。なぜなら、「ご返信ください」という命令調ではなく、「〜できますでしょうか」という相談の形になっているからです。急ぎのお願いをするときに

は、「相談」の形が大きな効果を発揮します。

　逆に、急ぎのお願いを断るときは、どうしたらいいでしょうか？

> ✉
> 「明日14時まで」とのことですが、時間を確保できません。
> もう１日（明後日14時まで）、お時間をください。
> 　　　　　　　　　　　　　　　　　　　　　　　　NG

　急ぎの依頼に気分を害したのかもしれませんが、断る理由を「時間のなさ」に求めるのは、あまりスマートではありません（「時間のなさ」は切り札に取っておきましょう）。まずは、腹立たしい気持ちをぐっとこらえて、大人の対応をするべきでしょう。

> ✉
> 「明日14時まで」となると超特急で校正しなくてはならず、チェック漏れが生じてしまう恐れがあります。
> 内容面での誤りはもちろん、万が一、誤字脱字等が残れば、カタログの質の低下を招き、貴社にご迷惑をかけてしまうかもしれません。
> 校正の精度を維持するためにも、もう１日（明後日14時まで）、お時間をいただけませんでしょうか。
> 　　　　　　　　　　　　　　　　　　　　　　　　OK

　時間の問題ではなく、「いいカタログを作るため」という文面にすれば、相手も納得せざるを得ません。

　また、前述の通り、最後の一文を「〜いただけませんでしょうか」と相談の形にしているので、相手も比較的受け入れやすくなることでしょう。

No. 35 「謝罪メール」はお詫びよりも共感が大切

　お叱りやクレームに対する謝罪メールほど、文章コミュニケーションの真価が試される場面はありません。
　「昨日買ったばかりのバッグの金具が取れてしまいました。おたくの製品はどうなっているのですか？」。こんな内容のメールが届いた場合は、どうすればいいでしょうか？

> ご連絡いただき、ありがとうございます。
> もしかすると金具の取りつけ不良があったのかもしれません。
> お品物をお送りいただければ、新しい商品と交換いたします。
> ご迷惑をおかけしますが、よろしくお願いいたします。　**NG**

　お詫びの言葉すら見当たりません。これでは謝罪メールとしては失格です。お客様の怒りを増幅させかねません。

> ご連絡いただき、ありがとうございます。
> このたびは、弊社の製品をお買い上げいただき、
> 誠にありがとうございます。❶
>
> 購入されたばかりのバッグの金具が取れてしまったとのこと。
> ご不快・ご不便な思いをさせてしまいまして、誠に申し訳ございません。
> 心よりお詫び申し上げます。❷❸
> お客様の期待を裏切り、たいへん心苦しく感じております。❸

原因としましては、金具の取りつけ不良が考えられます。
検品が行き届かなかった点についても、重ねてお詫び申し上げます。❷❹

つきましては、至急、品質に万全を期した商品を送らせていただきます。
大変申し訳ございませんが、ご到着まで２、３日、お待ちいただけますでしょうか。❺

なお、不良品のバックにつきましては、
交換商品に「返品用ダンボール」を同封させていただきますので、お手数ですが、商品をそのダンボールに入れていただき、弊社までお送りいただけますでしょうか（送料は弊社負担となります）。❺

以後、同じような不手際がないよう、
社員一同、よりいっそう気を引き締めていく所存です。❺
どうか、変わらぬお引き立てのほど、よろしくお願い申し上げます。

メールにてたいへん恐縮ではございますが、
取り急ぎ、ご報告とお詫びを申し上げます。　　　　　**OK**

OK文に盛り込んだ重要ポイントは次の❶〜❺です。

1. ご購入いただいたお礼
2. 誠心誠意の謝罪
3. 相手の気持ちに共感する
4. 原因について
5. 適切な対応策を講じる

　特に大事なのは「❸相手の気持ちに共感する」です。クレームを言う人の多くは、ただ謝罪の言葉がほしいのではなく、自分の気持ち（怒り・落胆・失望）をわかってほしいのです。
　逆に言えば、**謝罪する側に必要なのは、お詫びの言葉以上に、相手の気持ちを無条件に受け入れる姿勢なのです**。高ぶった気持ちに寄り添った言葉を紡げば、相手の怒りも静まりやすく、場合によっては、「ここの会社（人）の対応はしっかりしている」と逆に信頼を勝ち取ることもできるのです。
　また、「❺適切な対応策を講じる」では、できる限り具体的な対策を書きましょう。せっかく謝罪と共感がうまくできても、対応策があやふやでは「ツメが甘い」と言わざるを得ません。もちろん、これには迅速さが求められます。今回の例で言えば「至急、品質に万全を期した商品を送らせていただきます」の一文が重要です。
　最後に「社員一同、よりいっそう気を引き締めていく所存です」といった自省の文面を入れることもお忘れなく。謙虚な姿勢と反省の気持ちが届けば、相手も寛大な気持ちになるはずです。
　クレームを言ってきた人を自分（自社）のファンに変えてしまう。謝罪メールの書き方次第で、そうした芸当が可能になるのです。

No. 36 メールの返信はいつすべき？

　メールの書き手が不安に思うのは、相手から返信がないときです。いくら経っても返信がないと、「ちゃんと届いたのだろうか？」と気を揉むことになります。
　では、返信の理想的なスピードは、どれくらいでしょうか。迅速なやり取りが求められる昨今、**仕事のメールであれば、24時間以内の返信が理想でしょう**。もしも、それができないと、相手に余計な心配をかけることになります。

　たとえば、「来週の水曜日のお打合せ、よろしくお願いいたします。つきましては、打合せ前日までに、企画概要をお送りいただけますでしょうか」というようなメールを受信したとします。この場合、どう返信をすればいいでしょうか。企画概要ができてから返信をしていてはNGです。

> メールを拝見いたしました。
> 企画概要の件、承知いたしました。
> 打合せ前日までにお送りいたします。
> 取り急ぎ、ご返信まで。

　このように「ひとまずの返信」をしておくことで、相手は安心します。メールを確認した旨の返信を怠れば、相手をヤキモキさせかねません。

- 資料を拝受いたしました。内容を確認して、ご連絡いたします。
- 打合せ日程の件、承知いたしました。遅くとも明朝までに候補日を連絡いたします。
- 会食の件、日程を調整のうえ、あらためてご連絡いたします。
- 現在、取材で東北に来ており、携帯電話でメールを受信いたしました。今夜、宿舎よりあらためてメールいたします。

　このように、大事なのは**メール受信後24時間以内に「ひとまずの返信」を入れる**ことです。早いに越したことはありません。特に返事を求められていなくても、「写真を受け取りました」「内容を確認いたしました」など、一言メールを返すマメさが大切。その一言で安心する人は多いはずです。
　「スピード＝信頼性」です。もしも、あなたが送信側だとしたら、いつも返信が早い人と遅い人のどちらに好感を抱きますか？　おそらく前者でしょう。
　こまめにメールをチェックできない環境にいる人であれば、（返信を含め）メールする時間を決めておいてもいいでしょう。「山口さんからは、いつも朝一でメールが来る」「いつも夕方にメールが来る」と認識してもらうことで、相手に安心感を与えることができるのです。
　メールコミュニケーションでは、できる限り「相手に心配をかけない」「相手に気を揉ませない」「相手に邪推させない」という意識が大切です。スピーディな返信には、不要な心配や誤解を回避する力があるのです。

No. 37 引用文の活用作法

メールの返信や転送をするときには、引用文をうまく活用しましょう。引用文とは受信した元の文章を残しておくこと。通常、引用文の各行の冒頭には「＞※」などの引用マークがつきます。

※メーラーによって引用の表示は異なります。

> **引用文の表示例**
> ＞3月4日の交流会の件でご連絡差し上げました。
> ＞貴社から出席者は何名になりますでしょうか。
> ＞資料を準備する関係上、事前にご連絡いただければ幸いです。

返信時に引用するときには、下記に挙げる5つの注意点を押さえておきましょう。

- **引用は必要な箇所だけ行う。**
- **引用するときは「引用A」に対して「引用Aへの返事」を書き、次に「引用B→引用Bへの返事」「引用C→引用Cへの返事」という順番で書く。**
- **引用文の文面や件名は、誤字脱字も含め、勝手に編集しない。**
- **引用しない箇所は削除してOKだが、相手が全文残すことを望んでいる場合は、その意向に合わせる。**
- **やり取りが何度も続く場合は、その都度、必要な引用文は残し、すでに対応済みの不要な引用文は削除する。不用意な混乱を招かないためにも、メールの往復は2〜3回を目安とする。**

> 返信時の引用文活用例

>何時にうかがえばよろしいでしょうか。
15時に弊社エントランスホール集合でお願いいたします。

>プレス資料は何部お持ちすればよろしいでしょうか。
7部お持ちいただけますでしょうか。

転送時の引用では、下記のポイントに注意を払いましょう。

- **取り扱いに慎重を期す必要があるメールについては、差出人に「転送をしていいかどうか」の確認を取る。**
- **引用文には、誤字脱字を含め、いっさい手を加えない。加筆修正は文章の改竄(かいざん)にあたるので要注意。**
- **転送するときには、引用文をただ送るだけではなく、どういう目的で転送するのか、意図を一言添えておく。**

> 転送時は目的を添える

小峯係長
TZコーポレーションの荒木さんより交流会についてのメールが届きました。参加人数をご確認のうえ、木村までご返信願います。

>3月4日の交流会の件でご連絡差し上げました。
>貴社の出席者は何名になりますでしょうか。
>資料を準備する関係上、事前にご連絡いただければ幸いです。

No. 38 テンプレートを用意しておこう

　メール作成に費やす時間は馬鹿になりません。仕事柄、頻繁に同じ内容のメールを書くようなら、あらかじめ文面をテンプレート化しておくと重宝します。

写真送付のテンプレート

お世話になっております。

写真ができ上がりましたので、お送りいたします。

何か不備などございましたら、お知らせください。
では、ご確認のほどよろしくお願いいたします。

受け取り確認のテンプレート

お世話になっております。

〇〇をお送りいただき、ありがとうございます。
確かに受け取りました。

拝読したうえで、あらためてご連絡いたします。
引き続き、よろしくお願いいたします。

> **日程候補案内のテンプレート**
>
> お世話になっております。
> ご返信いただき、ありがとうございます。
> 早速ですが、一度お打合せをお願いできますでしょうか。
>
> 誠に勝手ではございますが、
> 今週は下記の日時が空いております。
> ご都合はいかがでしょうか。
>
> ・5月9日（水）13〜16時
> ・5月10日（木）13〜16時
> ・5月11日（金）15〜17時
>
> もし、ご都合が合わないようでしたら
> 来週以降で〇〇様のご都合のいい日時をお知らせください。
> お手数をおかけしますが、よろしくお願いいたします。

　このように、**よく使う文面をテンプレート化しておけば、文面作成の時間短縮が図れて、仕事の効率が上がる**はずです。相手によっては、一言メッセージを添えるなど、臨機応変に加筆修正しましょう。社会人に必要なのは「テンプレート＋α」で書く技術です。
　ただし、テンプレートを使う際には、必ず送信前に文面を見直しましょう。相手に関係のない情報が盛り込まれていると、不信感を抱かれかねません。また、誤った情報が盛り込まれていると、大きな問題やトラブルに発展する危険性もあります。

> ✉ ○○さまのご著書を拝読いたしましたが、たいへん感銘を受けました。ぜひ、ご著書の内容でご講演いただけませんでしょうか。

　これは、実際に筆者の元に届いたメールです（文面は少し変えています）。当然、○○に入る言葉は「山口」のはずです。ところが、そこには別の苗字が書かれていました。

　私は即座に「ああ、コピペしたのだな」と思いました。おそらく、最初は○○さんにメールしたものの、何かしらの事情で断られたため、私にメールをしてきたのでしょう。私は苦笑いする程度でしたが、人によっては「けしからん！」「失礼だ！」「軽く見るな！」と激怒するかもしれません。

　テンプレートや文面を流用するときこそ、落ち度がないか入念に見直しましょう。

No.39

資料使い回しのリスク

　コピペ同様に怖いのが資料の使い回しです。

　先日、こんな経験をしました。ある編集プロダクションから、「文章本を執筆していただけないか」という依頼を受けました。メールの文面は終始ていねいで、少なくとも気分を害することはありませんでした。

　添付されていた資料には、企画の趣旨や目次案などが書かれてありました。そして、資料の最後に差し掛かったときに「あれっ？」と思ったのです。

　「著者候補」と書かれた項目が現れ、そこには私を含めて5〜6人の文章本著者の名前とプロフィールが書かれていました。しかも、ごていねいに、候補者1人ひとりの寸評まで書かれていました。「〇〇氏は著作が多いため、できれば候補から外したい」「〇〇氏は出版社のカラーがついておらず鮮度がある」「〇〇氏の著作はわかりやすいが文体がやや硬い」……など。

　どうやらこれは編集プロダクションが出版社に提出した企画資料のようです。本来であれば、私に送る前に著者候補の部分を削除するはずだったのでしょうが、削除し忘れたようです。

　見る必要のない資料を見せられたことによって、メールに滲んでいた誠実さが、どこか「ハリボテ」のように思えました。

　資料の使い回しには、このようなリスクも潜んでいるのです。同じ資料でもA社とB社に見せる内容は微妙に異なるはずです。安易な使い回しで相手との信頼関係に傷をつけないよう注意しましょう。

No.40
ムダなメールの往復を避けよう

　忙しいときに、ムダなメールに時間をとられるのは腹立たしいものです。あなたも人から何度もメールが送られてきて、「質問は一度にまとめてくれ！」とイライラした経験があるのではないでしょうか。そうだとしたら、あなた自身も相手に何度も返信を強いるようなメールを書かないようにしなければいけません。

> Aさん　次回の打合せの日程ですが、ご都合のいい日を教えていただけますでしょうか。
> Bさん　来週の23日（水）が空いております。
> Aさん　23日で承知いたしました。打合せの際に、Ｚ社の鈴木さんに同席していただいても構いませんでしょうか。
> Bさん　鈴木さんに同席していただいて構いません。
> Aさん　それと、打合せの後で30分ほど、お時間ありますでしょうか。実は別件でご相談がございます。
> Bさん　承知しました。16時までは空いております。

　すでにメールが3往復です。さすがにBさんもイライラし始めています。「こっちも忙しいのだから、用件は一度にまとめてもらいたい」というのが本音ではないでしょうか。
　事実、Aさんの最初のメールの書き方次第では、1往復のやり取りで済ますこともできたはずです。

> Aさん　次回の打合せですが、ご都合のいい日程を教えてい
> 　　　　ただけますでしょうか。
> 　　　　また、打合せの際に、Z社の鈴木さんに同席していた
> 　　　　だいても構いませんでしょうか。
> 　　　　＜追伸＞
> 　　　　打合せの後、30分ほどお時間ありますでしょうか。
> 　　　　実は別件でご相談がございます。
> Bさん　打合せの日程ですが、来週の23日（水）の13〜14時
> 　　　　でいかがでしょうか。
> 　　　　鈴木さんに同席いただいて構いません。
>
> 　　　　＞30分ほどお時間ありますでしょうか。
> 　　　　承知しました。15時までは空いております。

　メールには、「日程」「同席の件」「別件の相談」の３つの質問項目が盛り込まれています。今回は、両者の親しい関係性を考慮して、「本文＋追伸」の形で書きましたが、よりわかりやすく用件を伝えたいときは、３つの質問項目を箇条書きにする方法もあります（142ページ参照）。箇条書きにすると、文面が少し堅苦しくなりますが、相手に誤読・誤解される危険性は低くなるはずです。

　もちろん、人間ですので、メール送信後に追加で用件を思いつくこともあるでしょう。とはいえ、ムダに何度も返信を強いられれば、相手は辟易してしまいます。余計な負担をかけないためにも、できる限り一度のメールで、用件を済ませるようにしましょう[※]。

※内容がまったく無関係の用件の場合は、別メールで送るのが基本です。

No. 41

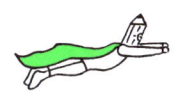

補足的な伝達は「追記」「追伸」で

　本文の最後に用件とは別の内容、あるいは用件に関連した補足的な内容を付け加えるのが「追記」の役割です。「追記」は書き添えるイメージで、文量の目安は2、3行。冒頭に「なお、」や「※」を付けて、追記であることをさり気なく伝えましょう。

> 以上、よろしくお願いいたします。
>
> なお、参考までに店舗案内の資料を添付しておきます。
> お手すきの際にご一読いただければ幸いです。

　また、用件とは無関係の内容で相手を気遣う、あるいは有益な情報を伝えたいときなどは、冒頭に「追伸」と表記するのがセオリーです。
　「朝晩の冷え込みが激しくなってきましたので、くれぐれもご自愛ください」など、相手への好意や気遣いを示せば、関係性がより深まります。以下のように感謝を示す場としても追伸は使えます。

> 以上、よろしくお願いいたします。
>
> 追伸
> 昨日、赤坂のイタリア料理店「○○」に行ってきました。
> おいしいお店を教えていただき、ありがとうございました。

No.
42

見た目がダメなら伝わらない

　いくら文章の内容に不備がなくても、見た目がゴチャゴチャしていると、読む気が失せてしまいます。「読むだけで疲れる」「内容が頭に入らない」という事態を招けば、それはもう立派に「伝わらない文章」の仲間入りです。メールを開いた瞬間に「うわっ、これは読みたくない……」と受信者に思われたらアウトです。

　見た目を読みやすく整えることは、読み手に対するマナーであり、心遣いでもあります。文章で他人とうまくコミュニケーションを図れる人ほど、見た目に注意を払っているのです。

件名：朝活型異業種交流会発足のお知らせ／清水大輝より

株式会社ミカジン　佐藤啓一様

お世話になっております。スプラッシュブレーンの清水です。
経営者に特化した朝活型異業種交流会発足のお知らせです。
このたび、ビジネスの拡大を目的とした経営者向けの朝活型異業種交流会発足を立ち上げる運びとなりました。
この異業種交流会は、以下のような特徴があります。1）朝時間（7時〜9時）の交流会である　2）紹介による登録制の交流会である　3）参加者のビジネスを加速させる目的 の交流会である
つきましては、第1回のオープニングイベントを4月18日（水）に開催いたします。

A

件名：朝活型異業種交流会発足のお知らせ／清水大輝より

株式会社ミカジン　佐藤啓一様

お世話になっております。
スプラッシュブレーンの清水です。

経営者に特化した朝活型異業種交流会発足のお知らせです。

このたび、ビジネスの拡大を目的とした
経営者向けの朝活型異業種交流会発足を立ち上げる運びとなりました。

> この異業種交流会は、以下のような特徴があります。
>
> 1）朝時間（7時〜9時）の交流会である
> 2）紹介による登録制の交流会である
> 3）参加者のビジネスを加速させる目的の交流会である
>
> つきましては、第1回のオープニングイベントを
> 4月18日（水）に開催いたします。　　　　　　　　　　　　**B**

　メールAとメールBは同じ文面ですが、読みやすいのはBでしょう。Aは、宛名を除くすべての文章が隙間なく詰まっています。これでは、どこまで読んだかわかりにくく、大事な用件を見落としてしまう危険性があります。黒い字のかたまりに圧倒されて、「読みたくないなあ」と思う人もいるでしょう。

　一方、「宛名」「あいさつ」「自己紹介」「前置き」「本文」の順で読みやすく情報が整理されているBであれば、読み手はストレスを感じないでしょう。Bが読みやすいのは、下記のポイントが押さえられているからです。

❶ 一行の文字数が短い（多くて25〜30文字）

　先に一文の文字数の目安を「多くても40文字ほど」と書きましたが（21ページ参照）、メール一行あたりについても「多くて25〜30文字」という目安があります。なぜなら、この量であれば、視線移動を最小限に抑えられるからです。これ以上の文字数になると、視線の動きが大きくなるため、読む人に負担が生じます。

❷ 空白の行を使う（目安は2〜5行ごとに1行空き）

　空白の行を使うことで情報を「かたまり」として見せることができます。なぜ「かたまり」で見せたいかというと、多くの人が文章

を視覚的にとらえて、重要なポイントを拾い上げる読み方をしているからです。

　Bであれば、パッと見た瞬間に「前置き」に目が止まり、「なるほど、新しい異業種交流会の案内ね」と概要を把握してから、本文に入ることができます。文字がぎっしりのAでは、重要なポイントを拾い上げることができません。

　人と同じく、メールも見た目の第一印象が大切です。内容をきちんと理解してもらいたいのであれば、❶と❷に注意して、相手が読みたくなるような見た目を心がけましょう。

No. **43**

罫線でメリハリをつけよう

　メリハリのある見た目を実現するためには、罫線を利用するのも有効です。罫線は単に「区切り」という意味合いだけではなく、重要な言葉を強調するときにも使えます。

総務課の寺内です。
来週（13日）の社内懇親会の件でご連絡いたします。
****
　出欠を５日の17時までにお知らせください。
****
会場スペース確保の関係上〜

かねてより建設中だった養護老人ホーム〇〇〇が完成し、
３月１日（木）にオープンの運びとなりました。
つきましては、２月10日（金）に内覧会を行います。
ご来場いただけますようお願い申し上げます。
＝＝＝＝＝＝＝＝＝＝＝＝＝＝＝＝
　養護老人ホーム〇〇〇の内覧会
＝＝＝＝＝＝＝＝＝＝＝＝＝＝＝＝
日時：２月10日（金）午前11時〜午後５時
住所：神奈川県相模原市東林間〇-〇-〇

　罫線を使う目的は、読みやすい見た目にするためです。したがっ

て、テキストの邪魔にならない罫線を利用しましょう。

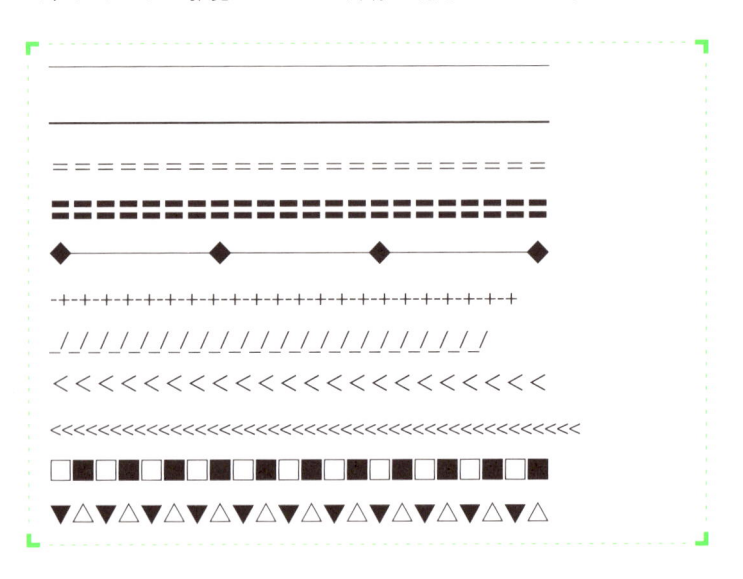

```
────────────────────
━━━━━━━━━━━━━━━━━━━━
＝＝＝＝＝＝＝＝＝＝＝＝＝＝＝＝＝＝＝＝
━━━━━━━━━━━━━━━━━━━━━━━━━━━━━━
◆─────◆─────◆─────◆─────◆
-+-+-+-+-+-+-+-+-+-+-+-+-+-+-+-+-+-+-+
／／／／／／／／／／／／／／／／／／／／／
＜＜＜＜＜＜＜＜＜＜＜＜＜＜＜＜＜＜＜＜＜＜＜
＜＜＜＜＜＜＜＜＜＜＜＜＜＜＜＜＜＜＜＜＜＜＜＜＜＜＜＜
□■□■□■□■□■□■□■□■□■□■
▼△▼△▼△▼△▼△▼△▼△▼△▼△▼△
```

一方で、テキストが読みにくくなる派手な罫線や、下記のような遊んでいるように思われるかねない記号の羅列は避けたほうがいいでしょう。

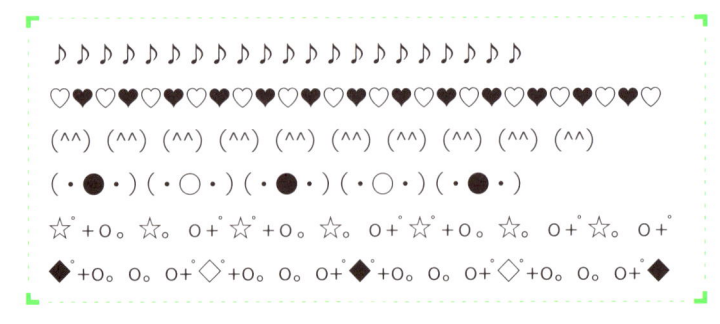

```
♪♪♪♪♪♪♪♪♪♪♪♪♪♪♪♪♪♪
♡♥♡♥♡♥♡♥♡♥♡♥♡♥♡♥♡♥♡♥
(^^) (^^) (^^) (^^) (^^) (^^) (^^) (^^) (^^) (^^)
(・●・)(・○・)(・●・)(・○・)(・●・)
☆゜+o。☆。o+☆゜+o。☆。o+☆゜+o。☆。o+゜☆。o+
◆゜+o。o。o+◇゜+o。o。o+◆゜+o。o。o+◇゜+o。o。o+◆
```

No. 44 送信前のチェック項目

　メールは「送信ボタン」を押したら最後。後から間違いやミスに気づいても、やり直すことができません。送信後の「しまった！」を防ぐには、送信ボタンを押す前に確認するほかありません。

- ✓ 宛先は間違っていないか
- ✓ CCやBCCに誤りはないか
- ✓ 宛名は間違っていないか
- ✓ 添付ファイルはついているか
- ✓ 用件が簡潔に書かれているか
- ✓ 用件がわかりやすく書かれているか
- ✓ 早めの改行等、読みやすい見た目になっているか
- ✓ 相手を不快にさせていないか（押しつけ／上から目線など）
- ✓ 具体的な件名になっているか
- ✓ 正しく引用できているか（返信の場合）
- ✓ 相手の質問に答えられているか（返信の場合）
- ✓ 誤字・脱字はないか
- ✓ 書き忘れたことはないか
- ✓ 24時間以内に返信しているか
  （24時間を超えていれば、お詫びの一文を入れる）
- ✓ ムダなことを書いていないか
- ✓ 本文は「結論→理由→具体例」の順になっているか
- ✓ 用件は本文に書いてOKか（添付ファイルにしなくていいか）

メールでの誤解やトラブルの多くは、送信前のチェックで防ぐことができます。忙しいときほど慌てて送信ボタンを押してしまいがちですが、そういうときこそ、ひと呼吸置いて冷静にチェックする必要があります。

　書いてから、いったん時間を空けて見直す方法も有効です。メールを書いているときの頭の中は主観ですが、時間を空けることで自分が書いた文面を客観視できるようになるからです。

　特に宛先ミスは一歩間違えば、情報漏洩につながる恐れもあります(責任問題に発展することも)。取り返しのつかないミスをすれば、信用低下にもつながります。

　なお、メールの内容に誤りがあったときは、すぐに「お詫びと訂正」のメールを送りましょう。

件名：【お詫びと訂正】２月20日の打合せの件

先ほどお送りした２月20日の打合せのメールに誤りがありました。申し訳ございませんでした。
下記、訂正いたします。
＜誤＞時間：14時30分
＜正＞時間：16時30分

　万が一、送信後に相手の怒りを買う誤りやミスに気づいた場合は、メールではなく、お詫びの電話を入れたほうが賢明です。メールで済ませようとすると、相手に「反省の色が見られない」と受け取られかねません。怒りの火に油を注いでは本末転倒です。

第3章

実践・文章コミュニケーション _ 02

だから、モメないメールのコツ

人間は感情を持つ生き物です。
本章では、気持ちよく言葉を受け取ってもらうための
心理テクニックや、言葉の届け方をご紹介します。
書き手の好感度や、信頼性がアップする秘技も満載です。

No. 45 メールに頼ってはいけない３つの場面

　メールが、便利なコミュニケーションツールであることに異論を挟む余地はありません。しかし、何でもかんでもメールに頼ろうとするのは危険です。特に注意したいのが、次の３つの場合です。

❶ 相手がメールをあまり使っていない

　自分の「当たり前」は、相手の「当たり前」ではありません。人によっては、１日に１回、または数日に１回しかメールをチェックしない人もいます。そういう人にメールを送っても、すぐに返信されないどころか、まったく返信されないケースも考えられます。

　メールは、コミュニケーション手段の１つに過ぎません。先方が、その手段を望んでいないのであれば、電話、FAX、郵送、対面など、相手が望むほかの手段を選ぶことも大切です。

❷ 緊急時

> 納品が遅れたため、会社を出るのが遅れてしまいました。
> 申し訳ありませんが、到着が30分ほど遅れそうです。

　相手がすぐにこのメールを開封する可能性はどのくらいでしょうか。もし100％でないなら、メール１本で遅刻の連絡を済ませようとするのは危険です。

　急を要するときは、確実に連絡が取れる手段（携帯電話やチャットアプリなど）を利用すべきです。もし、メールを使うなら、相手

からすぐに承知した旨の返信がなければ開封されていないと考えて、すぐに電話を入れる必要があります。相手から「連絡もなく、約束を破る人」というレッテルを貼られないよう気をつけましょう。

❸ 重要な連絡をするとき

　もし、明日の正午までに試作品が届かなければ、お客さんに迷惑をかけてしまう場合、工場に「明日の正午までに届けていただけますでしょうか」とメールを送っておくだけで、あなたは安心できるでしょうか？　答えはノーでしょう。翌日になって、相手から「正午までに届けるのは難しそうです」と返信をもらって、慌てるのが関の山です。

　重要な連絡（確実に何かを伝えなければいけないケースや、相手に何かしらの行動を望んでいるケースなど）では、連絡手段をメールに限定するのは避けましょう。電話や対面でコミュニケーションを図って、情報や要望を確実に伝えなければいけません。

　なお、ミスや失敗の連絡も「重要な連絡」に含まれます。仮に、メールを使う場合でも、送信後に電話を1本入れるなど、できる限り早く会話をする機会を作る必要があります。

　これまでも何度もくり返してきましたが、メールというコミュニケーション手段は、決して万能ではありません。ときに、メールは「まったく役に立たないこともある」のです。「メール依存度が高い」と自覚している人は、特に注意するようにしましょう。

No. 46 マナー知らずになりかねない携帯メール

　スマホを含め携帯電話が普及して久しい昨今では、多くの人がプライベートで携帯メールを使っています。メールにとどまらず、LINEやfacebookメッセンジャーなど気軽にやり取りできるチャット機能つきのアプリを利用している人も多いでしょう。

　しかし、パソコンメールが基本となるビジネスメールに、この携帯電話のチャット感覚を持ち込むと、「マナー知らず」と思われかねません。十分に注意が必要です。

　パソコンメールと携帯メールの最大の違いは、表示にあります。両者の見え方を比べてみましょう。

件名：広告制作の件／モンチ吉田より

お世話になっております。モンチの吉田です。このたびは貴重な広告枠をいただき、ありがとうございます。つきましては、いちどお打合せをお願いできますでしょうか。弊社のディレクターも同席させたいと思います。お手数をおかけしますが、いくつか候補日時をいただけると助かります。

パソコンメール

件名：広告制作の件／モンチ吉田より

お世話になっております。モンチの吉田です。このたびは貴重な広告枠をいただき、ありがとうございます。つきましては、いちどお打合せをお願いできますでしょうか。弊社のディレクターも同席させたいと思います。お手数をおかけしますが、いくつか候補日時をいただけると助かります。

携帯メール

携帯の場合は、改行をしなくても20文字前後で次の行に文字が移ります。左右への視線移動が少なく済むため、改行されていなくても、さほど読みにくいとは感じません。
　一方、この状態で相手のパソコンにメールを送ると、メール画面の左右いっぱいに文字が広がるため（左右への視線移動が激しくなるため）、読みにくく感じます。
　したがって、携帯からメールを送るときは、相手がどういう環境でメールを読むのかを、事前によく考えなければいけません。
　また、見た目以上に怖いのが、チャット感覚（ひと言、ふた言でやり取りをくり返す会話のようなコミュニケーション）でビジネスのメールを送ってしまうことです。
　宛名、あいさつ、自己紹介、結び、署名……これらを省いて送信すると、「オレを軽く見ているのか」「仕事は遊びじゃないんだぞ」と相手を不快にさせてしまう恐れがあります。
　そもそも、ビジネスに携帯メールを使うことを好ましく思っていない人もいます。読み手がそのような価値観の場合、「うっかり」「急いでいたので…」という言い訳をしたところで、後の祭りです。あなたの信頼に傷がついてしまうことも考えられます。
　携帯からビジネスメールを送信する際に考えうるトラブルの予防策としては、以下のような方法が有効です。

● 免罪符の一文を入れる
　免罪符の一文とは「携帯メールにて失礼いたします」です。これがあるかないかで、相手に与える印象が大きく変わります。この一文が添えられていれば、少なくとも相手に「マナー知らず」と思われることはないでしょう。

◉ どこに返信メールがほしいかを明記する

　携帯電話からのメールをパソコンに受けて困るのは、そのまま携帯電話に返信をしていいのか、あるいは、いつも通り会社のアドレスに送っていいのか、という判断がつかないときです。下記のような文章を書いておくことで、不要な行き違いを防ぐことができます。

> 急を要していたため、携帯からメールを送らせていただきました。以後のメールは、これまで通り会社のアドレスで対応させていただきます。
> yoshida@jitsumu.co.jp

　なお、状況によっては、パソコンから相手の携帯電話にメールを送らなければならないケースもあるでしょう。そういうときは、下記のポイントに注意しましょう。

◉ 文字数を少なくする

　携帯の機種によっては長いメールを受け取れない、あるいは一部しか表示されないことがあります。「携帯電話へのメールですので、用件のみで失礼します」という文面を添えてもいいでしょう。

◉ CCで相手の会社アドレスへも送る

　CCで相手の会社のアドレスにも送っておけば、万が一、相手が携帯電話でメールを確認できなくても、後からパソコンで確認することができます。備えあれば憂いなし、です。

なお、よほどの理由がない限り、相手の許可なく携帯電話にメールを送るのはマナー違反です。なぜなら、携帯電話は仕事では使わない、と決めている人もいるからです。

　たとえば、土日にプライベートを楽しんでいる人の携帯に仕事のメールが来たらどうでしょうか。なかには、プライベートに踏み込まれたと不快に思う人もいるかもしれません（電話も同じです）。携帯にメールをしていいのは、「相手の許可を得ているときだけ」と心得ておきましょう。

　ここまで携帯電話のメールを仕事で使うリスクについてお伝えしてきましたが、一方でモバイルデバイスの利用率は急速に高まりつつあります。今後、仕事のメールに携帯電話を使うケースはますます増えていくでしょう。現状、以下のようなケースでは、携帯を使うメリットが大きいと考えられます。

●スピードを必要とするケース
　同じ部署内やプロジェクトチームで一気に物事を推し進めていくような場合、携帯メールやチャット機能付きアプリを使うことで仕事のスピードがアップします。グループ共有できるアプリであれば、それぞれが自分の持ち場にいながら会議をすることもできます。

●ずっと外出しているケース
　一日中、外回りをしている、あるいは出張しているような場合は、パソコンに送られてくるメールを携帯でも見られるように設定しておくことで、迅速なメール対応が可能になります。

No. 47 「名前」の取扱いに要注意！

　人間関係構築のためのスキルを数多く編み出した自己啓発作家のカーネギーは、自身の著作の中で名前の重要性について、次のように語っています。

> 自分の名前を覚えていて、それを呼んでくれるということは、まことに気分のいいもので、つまらぬお世辞よりもよほど効果がある。逆に、相手の名前を忘れたり、まちがえて書いたりすると、やっかいなことが起きる。
> 　　　　　　　　　デール・カーネギー著『人を動かす』より

　つまり、人は自分の名前を呼ばれると嬉しい、ということです。なぜなら、「名前を呼ばれる＝自分を大切に扱ってくれている」と感じるからです。逆に、名前を呼ばれなかったり、間違えられたりすると、ぞんざいに扱われたと感じ、相手に好意を持てなくなったり、好戦的な態度に出てしまったりするケースもあります。人は、それほど自分の名前を大事にしているのです。

　この興味深い人間の性質は、文章コミュニケーションを図るときにも意識しておきたい点です。大事なのは以下の2点です。

❶ 人の名前を間違えて書かない
❷ 積極的に人の名前を書く

　❶のミスを防ぐには、メール送信前に、相手の名前を再確認する

ことです。特に間違えやすいのは、「川井」「川合」「河井」「河合」など、読みは同じでも漢字が違うケースです。

キーボードで入力する場合、どうしても変換ミスのリスクが高まります。一度メールでやり取りしていれば、相手から届いたメールの署名から名前をコピーすれば安心です。くれぐれも、自分勝手な「思い込み」には注意しましょう。

❷については、メール冒頭の宛名だけでなく、本文中にも名前を盛り込む意識が大切です（クドくなり過ぎない程度に）。

> - ご意見を拝借したく存じます
>   →深野様のご意見を拝借したく存じます
> - ご一緒できて楽しかったです
>   →黒川さんとご一緒できて楽しかったです
> - ご予定を教えていただけますでしょうか
>   →高橋さんのご予定を教えていただけますでしょうか

名前を入れるか入れないかは、「わずかな違い」ではありません。相手とのコミュニケーションを促進し、信頼関係を築き上げるうえで、「極めて大きな違い」です。相手の気持ちと同じくらい大切に扱わなければいけませんし、ていねいに扱えば扱うほど自分へのリターン（信頼や好意）も大きくなります。

なお、会社名や部署名、肩書きにも、自分の名前と同様の愛着を持っている人もいます。こちらも取り扱いに十分注意しましょう。

No. 48

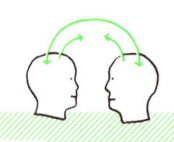

基本は1メール1用件

　「1メール1用件」は、伝わるメールを書くための基本です。もし、あなたが「メールを送っても、きちんと対応してくれない人が多い」と腹立たしく感じているとしたら、もしかすると、その原因は送信者であるあなたが、1つのメールに複数の用件を盛り込んでいるせいかもしれません。

> プロジェクトAの請求書がまだ届いておりません。
> お手数をおかけいたしますが、お送りいただければ幸いです。
>
> また、プロジェクトBのサイトですが、
> ヘッダーに使う写真の選定は終わりましたでしょうか。
> セレクトでき次第、お送りいただけると助かります。
>
> それと、来週8日に弊社で行うプロジェクトCの打合せですが、
> 時間は13時からでよろしいでしょうか。
> ご都合が合えば、佐藤ディレクターにも同席いただけると助かります。
>
> なお、プロジェクトAの請求書をお送りいただく際に、
> プロジェクトAの図面もあわせて同封いただけると助かります。

　1つのメールに、プロジェクトA～Cの情報（用件）が盛り込まれています。書いた本人は、すべてを伝えて満足かもしれませんが、

読みにくくて仕方ありません。相手が忙しい人であれば、いくつかの用件を読み落としてしまう恐れもあります。その結果、困るのは受信者だけではありません。送信者自身も痛手を受ける危険性を秘めています。

　しかも、メールのやり取りが何往復か続けば、A～Cの情報が入り乱れて、余計に訳がわからなくなるでしょう。

　冒頭でプロジェクトAの請求書の話を書いておきながら、文末で「プロジェクトAの図面もあわせて同封いただけると～」と再びプロジェクトAの話を持ち出しているあたりも、相手に対して不親切と言わざるを得ません。Aの用件は冒頭でまとめて伝え終えてから、Bの用件に移るのが筋でしょう。

　プロジェクトA～Cの関連性にもよりますが、もしも、これらがまったく異なるプロジェクトであるなら、メールは絶対に分けるべきです。履歴を振り返るときにも、プロジェクト別に分けられていたほうが探しやすいのは言うまでもありません。

　くり返しますが、**メールの基本は「１メール１用件」**です。
　とはいえ、もし１つのメールに複数の用件を盛り込んだほうが、相手にとって都合がいいというのであれば、箇条書きを利用するなどして、見落とされないような工夫を凝らしましょう（142ページ参照）。

No. 49

5W3Hで情報を盛り込もう

　物事を正確に伝える文章に欠かせないのが、5W3Hの情報です。効率よく5W3Hを集めたうえで、必要な情報と必要でない情報を取捨選択します。この能力が高い人は、メールコミュニケーションで大きな成果をあげることができます。

> **5W3H**
>
> When（いつ／期限・時期・日程・時間）
> Where（どこで／場所・行き先）
> Who（誰が／担当・分担）　　What（何を／目的・目標）
> Why（なぜ／理由・根拠）　　How（どのように／方法・手段）
> How many（どのくらい／数量）　How much（いくら／費用）

次の文章は、山下さん（部下）が上司に送ったメールです。

> 山下です。行ってまいりましたが、残念ながら、いいお返事をいただけませんでした。提案内容を見直して、あらためてご連絡します。
>
> **NG**

　このメールを見た上司は「ん、何のことだ？」と首をひねりました。山下さんはちゃんと伝えたつもりなのかもしれませんが、結果として伝わりませんでした。その原因として、5W3Hの抜け落ちが考えられます。

- When（いつ？）→昨日12月５日
- Where（どこで？）→取引先のＡ社
- Who（誰がいい返事をしなかったのか？）→Ａ社の小川課長
- What（何の返事？）→新商品Ｚの在庫管理委託のお願い
- Why（いい返事をしなかった理由は？）

    →採算が合わない（在庫管理のコストがかかり過ぎ）
- How（どのように対応する？）

    →在庫管理に必要な人員（アルバイト）の人件費をわが社で持つ
- How many（アルバイトを何人雇う？）

    →１人（１日７時間、月20日稼働）
- How much（アルバイト代にいくらかかる？）

    →１カ月で約11万2000円

5W3Hから必要な情報を取捨選択して、次のように修正しました。

> 山下です。新製品Ｚの在庫管理委託の件ですが、Ａ社の小川課長からいいお返事をいただけませんでした。在庫コストがかかり過ぎて採算が合わないとのことです。在庫管理に必要なアルバイト１名の人件費をウチで持てれば承諾いただけるかもしれません。提案内容を見直して、あらためてご連絡します。 **OK**

5W3Hを効率よく活用するためには、受信者がどんな情報を受け取りたがっているか、あらかじめ把握しておくことが重要です。相手のニーズを満たす形で情報提供できるメールは、私たちが目指すゴール地点です。

No.50

まずは結論から入ろう

　仕事のメールでは、クドい言い回しや、もったいぶった表現は好まれません。伝わるメールにするためには、本文の冒頭で結論を簡潔に示しましょう。

> 弊社のサービスは「40代の働くママ」に提供しております。一方、貴誌のターゲットは30代のビジネスパーソンかと存じます。ターゲットがアンマッチにつき、広告効果が薄いであろうと判断いたしました。誠に残念ですが、今回のタイアップ企画は見送らせていただきます。
>
> **NG**

　理路整然と書かれた文章には違いありませんが、相手が知りたいのは、企画の誘いを「受ける／受けない」の結論です。その結論がなかなか出てこないため、読みながら「それで、受けるの？　受けないの？」と苛立たしい気持ちになります。

> 誠に残念ですが、今回のタイアップ企画は見送らせていただきます。理由はターゲットのアンマッチです。
> 　弊社のサービスは「40代の働くママ」に提供しております。一方、貴誌のターゲットは30代のビジネスパーソンかと存じます。このため、おそらく広告効果が薄いであろうと判断した次第です。
>
> **OK**

　最も知りたい結論を冒頭で書けば、相手がフラストレーションを

感じることはありません。結論の直後には端的に理由も示しています。極端な言い方をするなら、冒頭の2行さえ相手にきちんと伝われば、このメールの任務は完了です。

「結論→理由→詳細」、これが伝わるメールの流れです。おもしろいもので、冒頭で結論が語られていると、その後の理由や詳細も頭に入りやすくなります。なぜなら、結論というのは「全体像」でもあるからです。

ところが、NG文のように、いきなり詳細から語られると、全体像を把握できないため、言葉がスムーズに頭に入ってきません。だから、冒頭で「結論＝全体像」を伝える必要があるのです。

> その日は地方出張が入っております。午後から店舗回りをするのですが、終了時間が見えません。帰京時間も遅くなりそうです。せっかくのお誘いですが、今回は欠席いたします。 **NG**

> せっかくのお誘いですが、今回は欠席いたします。その日は地方出張が入っており、帰京時間が遅くなるためです。 **OK**

結論の出し惜しみがクセになっている人は、相手の顔が見えていない人、すなわち相手の立場でものを考えられていない人です。

相手のニーズ（知りたいこと／ほしがっていること）に応えることは、メールに限らずビジネスの基本です。

No.51

「余計な情報」を書かない

　仕事で使うメールの鉄則は、「余計な情報を書かない」ことです。たとえ、書き手が必要だと思っていても、読み手には必要がないことは少なくありません。

> 明日14時にお約束している打合せですが、30分ほど開始時間を遅らせていただいてもよろしいでしょうか。午前中のロケが横浜であるのですが、店主から昨晩電話があり、開始時間を30分ほど遅らせてもらいたいとのこと。緊急の私用があるということでしたので仕方なく了承した次第です。もしかすると、当初の予定通りに開始できる可能性もあるのですが、なにぶん、相手の都合によるのでなんとも言えません。仮にロケのスタートが、先方の事情により30分ほど遅れた場合、そのまま終了時間も押す可能性があります。
>
> **NG**

　この長文に書かれている情報のうち、相手にとって重要な情報はどのくらいあるのでしょうか？　整理してみましょう。

> 明日14時にお約束している打合せですが、30分ほど開始時間を遅らせていただいてもよろしいでしょうか。午前中に行うロケの開始時刻が、先方の事情により30分ほど遅れるためです。
>
> **OK**

　状況にもよりますが、これくらいの文面で十分ではないでしょう

か。特に中盤の「店主から昨晩電話があり〜（中略）〜なんとも言えません」のくだりは弁解がましく、相手から「能書きはいいから、用件だけ簡潔に伝えてくれ」と思われるのが関の山です。

　何より問題なのは、**余計な情報を入れることで、大事な用件が伝わりにくくなる**ことです。親切心が仇となる典型です。

　下記の例も同様です。能書きをつづったNG文と重要な情報を抽出したOK文では、伝わり方に天と地ほどの差があります。

> ご返信がたいへん遅くなりました。別件の企画に時間をとられており、また、10月末より２週間ほど香港の見本市視察の出張で不在にしておりました。帰国後も品評会の準備などに追われ、ご提案いただいていた企画を会議にあげる機会を逸しておりました。ようやく３日前の会議に企画をあげましたところ、無事に通過いたしました。つきましては、一度お打合せをお願いできますでしょうか。
> **NG**

> 海外出張に出ており、ご返信がたいへん遅くなりました。
> ご提案いただいた企画が、無事に社内会議を通過いたしました。
> つきましては、一度お打合せをお願いできますでしょうか。
> **OK**

　文章を書くうえで大事なのは、「加える」ことではなく「削る」ことです。相手に必要な情報をピンポイントで届けるためにも、「余計な情報を書かない」という意識を徹底しましょう。

No. 52

複数用件は「箇条書き」にしよう

　前の項目でも述べたように、たくさんの用件をごそっと盛り込んだメールは、受信者の大きな負担になります。それでも、複数の連絡や質問をしなければいけないときは、相手がポイントを理解しやすいよう箇条書きを利用しましょう。

15日（木）に行われる貴社の新製品発表会についてですが、会場および発表会の開始時間と終了時間を教えていただけますでしょうか。
また、会場でカタログの配布はありますでしょうか。
お手数をおかけいたしますが、ご確認いただけると助かります。

NG

15日（木）に行われる貴社の新製品発表会について、
おたずねしたい点が3つございます。

（1）発表会の会場（国際展示場の何番ホールでしょうか？）
（2）発表会の開始時間と終了時間
（3）当日、会場でカタログの配布があるかどうか

以上、お手数をおかけいたしますが、どうぞご確認いただけますでしょうか。

OK

　質問を3つも盛り込んだNGメールでは、相手が質問を見落とし

てしまうかもしれません。

　一方、３つの質問項目を箇条書きでまとめたOKメールであれば、わかりやすくて相手が見落とす心配はまずないでしょう。返信もしやすいはずです。

> 来週の全国ミーティングの件でいくつか要望がございます。
> はじめに会場選びについてですが、地方参加者の利便性を考えますと〜　　**NG**

> 来週の全国ミーティングの件で下記３点の要望がございます。
>
> ・会場は東京駅から電車で10分圏内
> ・開催時間を午後13時〜17時とする
> ・懇親会はミーティング会場の近くで開催する
>
> さて、はじめに会場についてですが〜　　**OK**

　３つの要望が箇条書きで簡潔にまとめられたOK文であれば、受信者はストレスなく内容を理解できるでしょう。補足情報があるときは、箇条書きの後に書けばOKです。

　相手がポイントを見落として損をするのは、送信者自身です。連絡事項や質問事項が複数あるときは、箇条書きを上手に使いましょう。それが、相手のためであり、自分のためでもあるのです。

No. 53 してほしいことは「肯定表現」で

　お願いや依頼、指示など、相手に何かしらの行動を促したいときの文面は、「否定文」ではなく、「肯定文」で書きましょう。

- 説得力のない企画書は求めていません。
- 説得力のある企画書を求めています。

　あなたがメール受信者なら、気持よく受け入れられるのはどちらの文面でしょうか？　おそらく後者だと思います。

　最初の文は「説得力のない」「求めていません」など否定的な表現が使われており、叱られている気がします。一方、後の文は「説得力のある」「求めています」などの肯定的な表現が使われているため、期待されている気がします。

　同じ内容のメールでも、言い方を正反対にするだけで、受ける印象がガラリと変わるのです。

否定的な表現で指示されると…		肯定的な表現で指示されると…
気分が沈む	↔	気分がよくなる
モチベーションが下がる	↔	モチベーションが上がる
悪意を抱く	↔	好意を抱く
嫌な気持ちになる	↔	嬉しい気持ちになる
拒絶したくなる	↔	受け入れたくなる
テンションが下がる	↔	テンションが上がる

否定と肯定が持つエネルギーの質を理解していれば、人に指示やお願いをするときに否定の表現ではなく、肯定の表現を使うほうが得策だということに気づくでしょう。

　否定の表現を使うと、相手の行動が鈍るだけでなく、反発される危険性もあるので注意が必要です。下記は、上が否定表現、下がそれを肯定表現にした事例です。

- カギを締めずに、会場を出ないでください
    - →カギを締めてから、会場を出てください
- 使い切れないほど注文しないでください
    - →使う分だけ注文してください
- 作業服のまま入らないでください
    - →私服に着替えてからお入りください
- 佐藤くん、ダラダラと仕事をするのはやめよう
    - →佐藤くん、テキパキと仕事をしよう
- 明日までにまとまらなければ、大問題になるぞ
    - →明日までにまとまれば、大手柄だぞ

　もちろん、ときには否定的な表現を使わざるを得ないケース（忠告・警告・指導など）もあると思います。たとえば、指を切断する恐れがある機械に貼る警告文であれば、「安全のためにグローブをつけて作業をしよう！」ではなく、「キケン！ 素手で作業をするな！」という具合に、読み手に不安や恐怖心を植えつける表現のほうが妥当でしょう。状況や目的に応じて、肯定と否定の表現を上手に使い分けましょう。

No.54

「ていねいさ」を惜しまない

「微差が大差を生む」。この言葉は、メールの文章にも当てはまります。ほんの少し手間暇をかけて、「ていねいに」「誠実に」「わかりやすく」書ける人は、おそらく周囲からの評価も高いはずです。

以下に挙げる文例は、左が「ていねいさに欠ける文章」で、右が少し手を加えた「ていねいな文章」「敬語を使った文章」です。

- よろしくお願いします
  →よろしくお願いいたします（申し上げます）
- 技術担当の中村です→技術担当の中村と申します
- 申し訳ありません→申し訳ございません
- メールを見ました→メールを拝見しました
- 出られますか→参加なさいますか
- 明日でいいでしょうか→明日でよろしいでしょうか
- ○○はどうなっていますか？→○○の件、いかがでしょうか
- 了解しました→承知いたしました（かしこまりました）
- 3点ほど質問があります→3点ほど質問がございます
- 13時に貴社に行きます→13時に貴社にうかがいます
- 次回は同席したいです→次回は同席させてください
- 楽しみにしています→楽しみにしております
- 新社屋を知っていますでしょうか
  →新社屋をご存知でしょうか
- 課長の言う通り→課長のおっしゃる通り

- ○○してください→○○していただきたく存じます
- 資料を見ておいてください→資料をご一読願います（ご覧ください／ご確認ください／お目通し願います）
- 感謝しています→感謝しております
- 会いたいです→お目にかかりたい（お会いしたい）です
- ご返信ください
  →ご返信願います（ご返信いただけますでしょうか／ご返信いただければ幸いです／ご返信をお待ちしております）
- OKです→その方向で進めていただけますでしょうか

「～させていただきます」という表現は、一見、ていねいな言い回しに思えます。しかし、どんな動詞にも「させる」が使えるわけではありません。

- 送らさせていただきます→送らせていただきます
- やらさせていただきます→やらせていただきます
- 読まさせていただきます→読ませていただきます
- 休まさせていただきます→休ませていただきます

　助動詞の「せる」と「させる」は、五段活用の動詞（上で紹介したような動詞）には「せる」をつけ、それ以外の動詞（「受ける」「着る」等）には「させる」をつけるのが原則です。

　本来、「せる」をつけるべき動詞に「させる」をつけた表現を、「さ入れ言葉」と言います。謙虚になろうとするあまり「さ入れ言葉」となり、相手から「バカていねい過ぎる」「慇懃無礼」「言葉を知らない人」と思われないよう注意しましょう。

No.55 「誠実フレーズ」をストックしておこう

心理学に「好意の返報性」という法則があります。好意をもらうと、相手に好意を返したくなる、という人間の習性です。「好意」は「誠実」と言い換えてもいいでしょう。

つまり、**相手に好意と誠実を持って対応してもらいたければ、まずは自分から相手にそれを伝えればいい**のです。言葉にするのが苦手な方は、あらかじめ以下のような"使えるフレーズ"をストックしておきましょう。

感謝

おかげさまで、最高の契約を結ぶことができました
ご協力いただき、心から（たいへん／誠に）感謝しております
ご賛同いただき、感激しております
中里さまのお力添えの甲斐あって〜
このたびはご尽力いただき（お骨折りいただき）〜
本日はご足労いただき〜
〜いただき本当に助かりました
ご依頼いただき、嬉しく存じます
松本さまにご協力いただければ百人力です
さっそく（迅速な）ご対応をいただき、ありがとうございます
お気遣いをいただき（ご配慮をいただき）、ありがとうございます
ご一緒できて光栄です
ご親切、痛み入ります

身に余る（過分な）お言葉をいただき〜
たいへん勉強になりました　　たいへん役に立つお話を〜
たいへん有益な情報を〜　　たいへん有意義な時間を〜

> 依頼

ご多用（ご多忙）のところ申し訳ございませんが〜
ご返信いただければ幸いです（助かります）
鈴木さまのご都合のよい日時をお知らせください
誠に勝手な○○で恐縮ですが〜
ぶしつけなお願いではございますが〜
ご教授（ご指導／ご助言／ご鞭撻）いただければ幸いです
〜していただけると嬉しく存じます（ありがたい次第です）
よろしくご査収（ご高覧／ご一読／ご参照／ご検収／ご受納／ご笑納）願います　　〜でよろしいでしょうか

> 結び

ご理解、ご協力のほどお願い申し上げます
また、ご一緒できる機会を楽しみにしております
変わらぬお付き合いをよろしくお願いいたします。
風邪など召されないようご自愛ください（体調にご留意ください／お体にはお気をつけください）
道中、くれぐれもお気をつけください
○○○を心よりお祈りしております
お役に立てれば（お力になれれば／ご期待に添えれば）幸いです
ご不明な点がありましたら、遠慮なくお問い合わせください

[祝福]

誠におめでとうございます　　喜ばしい限りです
心からお祝い（お慶び）申し上げます

[感心・感銘]

～には脱帽です　　～には頭が下がります
～に感銘を受けました　　ただただ感服いたしました

[受領・承諾・同意・返答]

拝受（頂戴／着荷／受領）いたしました
○○の件ですが、喜んでお引き受けいたします
○○については、問題（異存）ございません
おっしゃる（仰せ）の通りです
○○について、ご返答（お答え／ご説明）いたします
○○につきましては、△日までにご回答（ご連絡）いたします
△日までにご返事をすればよろしいでしょうか

[断り]

ご期待に添えず申し訳ございません
残念ながら今回は参加できませんが～
申し訳なく存じますが～
○○したいのは山々ですが～
せっかくのご依頼（お申し出）ではございますが～

[恐縮]

誠に恐縮ですが～

誠に僭越ながら〜
微力ではございますが〜
まだまだ未熟（力不足）ではございますが〜

お詫び

誠に申し訳ございません　　深くお詫び申し上げます
お詫びの言葉もありません　　猛省（深く反省）しております
たいへんご迷惑（ご面倒）をおかけしました
肝に銘じておきます　　お恥ずかしい限りです
二度とこのようなことがないよう〜
弁解の余地もありません／弁明の（申開きの）しようがありません　　ご指摘、ごもっともでございます
〜は、あってはならないことでした
◯◯したい気持ちは山々でございますが〜
弊社の不行き届きをお詫び申し上げます
わざわざ◯◯いただいたにもかかわらず〜
不徳のいたすところです　　◯◯に□□を周知徹底させます

返信不要

なお、返信はご無用（不要）です
とくに問題がなければ、返信にはおよびません

検討

前向きに検討させていただきます
慎重に検討（審査／選考）しました結果〜

No. 56

「クッション言葉」でメンツを守ろう

　機嫌がよければ心を開きやすく、機嫌が悪ければ心を閉じやすい、それが人間です。メールで相手を不愉快にさせたら、コミュニケーションが難しくなるかもしれません。相手を動かしたいのであれば、決して機嫌を損ねてはいけないのです。

　そのための方法の1つが、「クッション言葉」の活用です。クッション言葉は、さまざまなシチュエーションで効果を発揮する「前置き」のこと。言葉の印象がソフトになり、冷たさや傲慢さが消えるため、読み手と良好な関係を築きやすくなります。

- 今週中にご返信をいただけますでしょうか。
- お忙しいところ、誠に恐縮ですが、今週中にご返信をいただけますでしょうか。

　メール受信者の立場で2つの文を比較したとき、クッション言葉を用いた後者のほうが、印象がいいはずです。最初の文よりも、「できるだけ早めに返信しよう」と思うのではないでしょうか。

　このように、同じ内容でも文章次第で、相手を不機嫌にさせて望む結果（今回の例では「返信」）を得られないこともあれば、機嫌よくさせて望む結果を得ることもできるのです。

　では、代表的なクッション言葉をご紹介しましょう。

お願い・依頼・質問をするとき

お忙しいところ（誠に）恐縮ですが〜
お忙しいところ（誠に）お手数をおかけいたしますが〜
お忙しいところ（誠に）申し訳ございませんが〜
誠に勝手なお願いですが〜
ぶしつけなお願い（質問）ですが〜
突然の○○で恐縮ですが（申し訳ございませんが）〜
お手間を取らせますが〜
ご迷惑（ご面倒）をおかけしますが〜
ご迷惑（ご面倒）でなければ〜
お使い立てして申し訳ございませんが〜
たいへん失礼ですが〜　　差し支えなければ〜
もし可能であれば〜　　お時間が許せば〜
よろしければ〜　　お手をわずらわせますが〜
たびたび（重ね重ね）申し訳ございませんが〜
うかがいたいことがあるのですが〜

断るとき

あいにくですが〜
せっかくですが〜
残念ながら〜
申し訳ございませんが〜
恐縮ですが〜
○○したいのは山々ですが〜
お役に立てず申し訳ございませんが〜

心苦しいのですが〜
ありがたいお話ですが〜
お気持ちは嬉しいのですが〜
身に余るお言葉ですが〜
ご期待に添えず申し訳ございませんが〜
ご厚意にお応えすることができず、申し訳ございませんが〜

反論・意見・指摘をするとき

誠に申し上げにくいのですが〜
老婆心ながら〜
余計なこととは思いますが〜
たいへん失礼ですが〜
お節介とは思いますが〜
僭越ながら〜
お言葉を返すようですが〜
確かにおっしゃる通りですが〜
おっしゃることはわかりますが〜

　クッション言葉がない文章と、ある文章を見比べてみましょう。上が「クッションあり」で、下が「クッションなし」です。

- 参加できません
  → 残念ながら、参加できません
- 理由を教えていただけますでしょうか
  → 差し支えなければ、理由を教えていただけますでしょうか
- 先約がございます

- →あいにくですが、先約がございます
- 試算に誤りがございます
  →誠に申し上げにくいのですが、試算に誤りがございます
- 再送いただけますでしょうか
  →お手数をおかけしますが、再送いただけますでしょうか
- ご一緒してもよろしいでしょうか
  →もしご迷惑でなければ、ご一緒してもよろしいでしょうか
- お時間をいただけませんでしょうか
  →不躾なお願いではございますが、お時間をいただけせんでしょうか
- 幹事を務めさせていただきます
  →僭越ながら、幹事を務めさせていただきます
- 私が案内させていただきます
  →よろしければ、私が案内させていただきます

　クッション言葉があると、相手を立てる気持ちが伝わります。気をよくすれば、こちらの要望を受け入れてくれる可能性も高まります。また、相手にノーを伝えるときにも、気遣いのある前置きを挟むことで、怒らせたり、傷つけたりしなくて済みます。

　最大の効用は、「相手のメンツを守る」という言葉に尽きるかもしれません。**お願いするにせよ、断るにせよ、指摘するにせよ、自分が望む結果を得たいのであれば、相手のメンツを守る必要があります**。メンツをつぶされると、人は「機嫌を損ねる→心を閉ざす」となりがちだからです。

　自分自身がスムーズに仕事を進めるためにも、クッション言葉を味方につけておきましょう。

No. 57 ハイリスクな「話し言葉」

　携帯やスマホで気軽にメッセージのやり取りが行われている昨今、その多くに「話し言葉」が使われています。しかし、仕事でのメールに話し言葉を持ち込むのはかなり危険です。

　たとえば、「安いとは思うんですけど〜」と「安いとは思いますが〜」では、どちらがビジネスにふさわしいでしょうか。前者は話し言葉で、後者は書き言葉。当然、ふさわしいのは後者となります。もしも前者のような文章を書くと、相手に「非常識な人」「失礼な人」「軽い人」と思われてしまうかもしれません。マナーにうるさい人であれば、怒りを買ってしまう恐れもあります。

NG文
さっきの打合せですけど、建設的な意見があんまり出なかったんですよね。

　これがプライベートのメールであれば、外野がとやかく言う筋合いはありません。しかし、仕事上のメールだとしたら「問題アリ」と言わざるを得ません。いわゆる話し言葉を使った言い回しが、あまりに軽過ぎます。

OK文
先ほどの**打合せ**では、建設的な意見があまり出ませんでした。

　「さっきの→先ほどの」「〜ですけど→〜では」「あんまり→あまり」

「出なかったんですよね→出ませんでした」と改善すれば、失礼にはあたらないでしょう。「話し言葉」と「軽い言葉」には、くれぐれも注意しましょう。

NG文 内容を確認してもらえますか。
OK文 内容をご確認いただけますか。

「〜してもらう」は失礼な言い方です。「〜していただく」を使うようにしましょう。

NG文 渋谷にあります弊社の会議室をご使用ください。
OK文 渋谷にある弊社の会議室をご使用ください。

名詞を修飾する動詞に「ます」をつける用法は正しい敬語とは言えません。話し言葉ではよく耳にしますが、書き言葉では使わないほうがいいでしょう。

NG文 全然いいと思います。
OK文 非常にいいと思います。

「全然」は、「ない」などの否定的な表現で結ぶのが正しい使い方です。昨今、話し言葉を中心に「全然＋肯定」の表現を使う人が増えました。定着しつつある、と言ってもいいでしょう。

しかし、相手がそれを誤りと認識していた場合、容赦なく「言葉の使い方を知らない人」と見られてしまうかもしれません。「全然＋肯定」を使うのであれば、そのリスクは覚悟しておきましょう。

> **NG文** 場所は弊社でよろしかったでしょうか。
> **OK文** 場所は弊社でよろしいでしょうか。

「よろしかったでしょうか」は、バイト敬語と呼ばれるものです。アルバイト店員の多いファミレスやファストフード店などでの接客時に、「ご注文は○○でよろしかったでしょうか」という形で使われています。

よく耳にする言葉とはいえ、世の中には違和感を抱く人も多いようです。なぜなら、この言葉は「相手に確認を求める」というニュアンスが込められているからです。なかには、「責任を相手（お客さん）に押しつけている」と感じる人もいます。

OK文の「よろしいでしょうか」は「許可を仰ぐ」というニュアンスになるため、違和感を抱かれることはありません。ごく自然な表現と言えるでしょう。

以下に挙げる文例は、左が「話し言葉」「軽い言葉」で、右がそれを改善した「書き言葉」になります。

- すいませんでした→申し訳ございませんでした
- 明日で大丈夫です→明日で構いません（承知しました）
- なるほどですね→ごもっともです
- 真逆ではないでしょうか→正反対ではないでしょうか
- あんまり役立ちませんでした→あまり役立ちませんでした
- わりと静かな場所です→わりに（比較的）静かな場所です
- 歩いてました（※「い」抜き言葉）→歩いていました
- 見ましたか？（※「ら」抜き言葉）→見られましたか？

- やらさせていただきます（※「さ」入れ言葉）
  →やらせていただきます
- ちょっぴり疲れました→少し疲れました
- 超すばらしかったです→とてもすばらしかったです
- ざっくり教えてください→おおまかに教えてください
- とっても光栄です→とても光栄です／たいへん光栄です
- メモしときます→メモしておきます
- やっぱ難しいです→やはり難しいです
- いろんな企画があります→いろいろな企画があります
- めちゃめちゃ時間をかけました→かなり時間をかけました
- あっちこっち回りました→あちらこちら回りました
- Ｃ案もあるじゃないですか→Ｃ案もあるかと思います
- よかったらお使いください→よろしければお使いください
- なるはやでお願いします→なるべく早くお願いします
- 内容、これでOKです→内容、これで問題ありません

もちろん、再三お伝えしている通り、文章コミュニケーションは相手との関係性やTPOに応じて変化するものです。**「話し言葉」や「軽い言葉」は仕事のメールになじまない**、という基本を押さえたうえで臨機応変に対応しましょう。

No. 58 配慮を欠かない文面に

　メールを書くときに、自分の都合しか考えていない人は、周囲から煙たがられてしまいます。気がついたらまわりが敵だらけだった、とならないよう十分に気をつけましょう。

NG文

どういう事情か知りませんが、今日中に写真データをいただけないと困ります。至急お送りください。

　いきなり取引先からこのようなメールが送りつけられたら、思わずカチンとくるのではないでしょうか。
　「どういう事情か知りませんが」は、言い換えれば「あなたの都合など知ったことではありません」という意味です。これは「お願い」ではなく、もはや「命令」です。
　なかには、こんな自己中心的なメールを送ってくる人とは金輪際、一緒に仕事をしたくないと考える人もいるかもしれません。

OK文

勝手は重々承知しておりますが、今日中に写真データをいただけないと、今後の進行に支障を来す恐れがございます。お忙しいところ誠に恐れ入りますが、至急お送りいただけませんでしょうか。

　NG文との印象の違いは一目瞭然です。命令調のNG文に対して、OK文では相手への配慮が感じられます。「勝手は重々承知しており

ますが」「お忙しいところ誠に恐れ入りますが」「〜いただけませんでしょうか」など、相手を敬う言葉を随所に散りばめているため、自分勝手な印象は受けません。この謙虚な文面であれば、受信者も「なるべく早く写真を送ろう」という気になるのではないでしょうか。

- **命令される→反発したくなる**
- **丁重にお願いされる→期待に応えたくなる**

こうした人間心理を把握しておけば、相手に行動を促すためには、どのように書けばいいかがわかるはずです。

NG文
弊社の鈴木がインフルエンザを発症いたしました。明日の打合せの延期をお願いいたします。

OK文
弊社の鈴木がインフルエンザを発症し、本日より5日ほど自宅療養することになりました。誠に申し訳ございませんが、明日の打合せを延期させていただけませんでしょうか。急なお願いで恐縮ですが、よろしくご検討願います。

お詫びの気持ちが伝わるOK文に対して、NG文は配慮を欠いた一方的な通達です。あなたが受信者でも、「もう少し書き方を考えようよ」と思うのではないでしょうか。

No.59 警戒心を解く文章の書き方

　関係性ができていない相手に対しては、よりていねいで誠実な文章を心がける必要があります。なぜなら、相手はこちらに警戒心を抱いているからです。「信頼できるか？」「誠実か？」という観点で、こちらを品定めしているものなのです。

　こちらの要望を受け入れてもらいたいときは、なおのこと配慮が求められます。一方的な要望を書くだけではアウト。相手の警戒心を解くために、工夫を凝らさなければいけません。

> 先日、名刺交換させていただいた二宮です。
> 3月22日にウェブ集客セミナーがございます。ご都合があえば、勉強しにいらっしゃいませんか。
> 　　　　　　　　　　　　　　　　　　　　　　　　　　　NG

　メール受信者が「二宮さんって……ああ、1ヶ月前に会ったあの人かな？」とようやく思い浮かべる程度だった場合、この誘いに乗る確率は低いことでしょう。素性をよく知らない相手から、よくわからないセミナーの誘いを受けて、「行きたい！」と思う人はなかなかいないはずです。

> 9月12日（金）の飲食業界研究会で名刺交換させていただいた、株式会社フィルサイの二宮です。
> その節は楽しくお話させていただき、ありがとうございました。
> その際に川上さんに教えていただいた○○を実践しておりますが、社員にとても好評です。心より感謝しております。

> さて、本日は、3月22日（水）に開催する、弊社主宰のウェブ集客セミナーのご案内をさせていただきたく、ご連絡差し上げました。
>
> このセミナーでは、SNS専門家の毛利浩二氏を講師にお招きして、facebook、YouTube、ブログなどSNS上のコンテンツ力強化と、各媒体の連動方法について詳しく解説いただきます。
>
> 新事業を展開されている川上さんのお役に立てるかと思い、ご連絡差し上げた次第です。もしご興味がございましたら、参加をご検討くださいませ。セミナーの概要は下記になります。OK

　警戒心というのは簡単に解けるものではありません。**相手の立場や気持ちを考えながら、どうすれば自分を信頼してくれるか、好意を抱いてくれるか、喜んでくれるかに力を注ぎましょう。**

　もちろん、上記のOK文を送ったからといって、「参加します」という返信をもらえるかどうかはわかりません。むしろ、もらえない確率のほうが高いでしょう。しかし、NG文と比べたら、相手に与える印象は月とすっぽんではないでしょうか。なかには、誠実さを感じて「おもしろそうなセミナーだから参加してみようかな」「二宮さんにもう一度会ってみてもいいかな」と思う人もいるかもしれません。

　はじめてのメールはもちろん、まだ関係性ができていない相手へのメールでは、情報の内容よりも読み手の警戒心を解くことが先決です。そのために何を書けばいいかを考えましょう。

No. **60**

2つの質問技法を使い分けよう

　質問には、「クローズド・クエスチョン（以下、CQ）」と「オープン・クエスチョン（以下、OQ）」があります。メールを書くときには、この2つの質問技法を上手に使い分ける必要があります。

　CQとは、「はい／いいえ」または「A／B」という具合に、相手に択一で答えさせる形の質問です。**回答範囲に制限を設けることで、考えや都合、事実、話題などを絞り込むことができます。**

　一方、OQとは、回答に制約がなく、相手が自由に答えられる形の質問です。**話題やアイデアなどを広げたいとき、あるいは意見や情報を引き出したいときなどに有効**です。

CQ 和食と中華なら、どちらがお好きですか？
OQ どんな食べ物がお好きですか？

　CQの場合、答えは「和食／中華」のどちらかしかありません。一方、OQの場合、好きな食べ物について自由に答えることができます。どちらがいい、悪いというものではありません。状況に応じて使い分けることが大切です。

CQ

次回の打合せですが、来週の8日（月）の11時でよろしいでしょうか。

OQ

次回の打合せですが、日程のご都合はいかがでしょうか。

CQ
「個と絆」という企画コンセプト案で固まりつつあります。ご賛同いただけますでしょうか？

OQ
企画コンセプトの妙案がございましたら、提案していただけますでしょうか。

　CQでは、相手が「イエス／ノー」や「A／B」を答えやすい反面、TPOを間違えると「どうしてこの選択肢しかないの？」「こちらの意見を聞く気はないの？」と訝(いぶか)しがられてしまう危険性があります。

　同じように、OQでは、相手が自由に回答できる反面、TPOを間違えると、「こちらの都合など聞かずに、そちらでまず候補を挙げてほしい」と思われてしまうかもしれません。

　くり返しになりますが、大切なのは「使い分け」です。メールの目的や相手との関係性、その場の状況などを見極めながら、CQとOQのどちらがふさわしいか、その都度、よく考えて使いましょう。

　コミュニケーション上手は質問上手。この言葉は紛れもない真実です。CQとOQを使い分ける技法は、あなたの文章コミュニケーション力を大きく向上させるはずです。

No. 61

文章の"表情"を読み取ろう

　人とコミュニケーションをするうえで、最も大切な能力は「察知する力」かもしれません。相手が怒っているときに、火に油を注ぐ発言をするのは、察知力が低い人です。相手が本気で落ち込んでいるときに、辛辣(しんらつ)な言葉を投げかける人もまた同様です（相手のことを思って、あえて「そうしている」場合は別ですが）。

　会話であれば、表情や声色から、ある程度、相手の感情を察することができます。しかし、文章ではどうでしょう。少なくとも、会話のときのように、視覚的・聴覚的な判断ができません。文面から、相手の考えや感情を読み取らなくてはいけません。会話以上に高い「察知力」を求められるのが、文章コミュニケーションなのです。

> 企画書ご苦労さまでした。
> 来週のMT(ミーティング)でまたブレストしましょう。

　これは上司からもらったメールです。特に、文面自体から「落胆の感情」は読み取れません。しかし、この上司がおもしろい企画書に対しては、いつも「今回の企画も秀逸ですね」「おもしろそうな企画ですね」などの"ホメ言葉"を書いてくれる人だったとしたら、どうでしょう。今回のメールにホメ言葉は見当たりません。
　「あれ、お気に召さなかったのかな？」と思ったなら察知力が高い人で、何も感じなければ察知力の低い人です。勘の鋭い方はお気づきかと思いますが、察知力というのは、「変化を見抜く力」とも

言えるのです。

- 〈現実〉いつもと違う→〈感情〉ん？　何かおかしいぞ
- 〈現実〉いつもと違う→〈感情〉何も感じない

　前者は察知力が高い人で、後者は察知力が低い人です。仕事をするうえで、両者は「天と地ほどの違い」とも言えます。なぜなら、察知力が高ければ「あれ？　部長がホメてくれなかったということは……企画に問題があるのだろう。よし、もう一度練り直そう」と思うこともできるからです。本人の努力次第では、来るMTで起死回生の企画書を提出することもできるでしょう。一方、察知力が低いと何も気にせず、そのままMTの日を迎えることに……。結果は火を見るよりあきらかです。

　いつも気遣いあふれるメールを送ってくれる人が、急に素っ気ないメールをしてきたらどうでしょう。文章の表情を読み取れるか否かで、その後の展開が大きく変わるはずです。
　これが顧客からのクレームメールだったらどうでしょう。文面から沸き立つ「怒り」や「悲しみ」に気づかなかった場合、その顧客は「あなた、私をバカにしているの？」と激怒するかもしれません。
　文章コミュニケーションのレベルを上げるためには、メールの文面や行間から読み手の感情を見抜く能力が欠かせません。**「ふだんと何か違うところはないかな？」と、"変化"に注意を払いましょう。**

No.62 「お叱り」はサンドイッチ話法で

　メールで部下を叱る、あるいは取引先のミスを指摘する。そんなシチュエーションでは、サンドイッチ話法が有効です。これは、**相手を叱るときや、思わしくない状況・結果を知らせる際に、事実だけを伝えるのではなく、前後にホメ言葉や前向きな言葉を添えて、文字通りサンドイッチのように挟み込む話法**です。会話だけでなく、メールでも十分に使えるテクニックです。

> 今回のリポートは、残念ながら物足りません。あきらかにデータ不足。これではA社の協力を取りつけるのは難しいでしょう。作成し直してください。
>
> **NG**

　上司からのお叱りメール。人から叱られるのは、あまり気持ちのいいものではありません。心が折れやすい人だと、「やっぱり自分はダメだ」と自信を喪失してしまいます。そのような事態を招かないよう、上司は細心の注意を払わなければいけません。

> 谷くんの圧倒的な仕事量には常々感心しています。段取りも進行も申し分ありません。ただ、今回のリポートは、残念ながら物足りません。あきらかにデータ不足。これではA社の協力を取りつけるのは難しいでしょう。作成し直してください。この仕事をやり遂げられる人材は君しかいません。期待しています。
>
> **OK**

サンドイッチ話法を使って、お叱りの前に部下に対する「評価」、お叱りの後に部下に対する「期待」を盛り込みました。

> 叱る前の「評価」の効果
> 自分が評価されている→自己重要感が満たされる
> →お叱りを素直に受け入れる気持ちになる
>
> 叱った後の「期待」の効果
> 期待されている→自己重要感が満たされる
> →お叱りを自分の糧にして次から頑張ろうと思う

　自己重要感とは、「自分を価値ある存在だと思う気持ち」のことです。ただ叱られるだけでは満たされませんが（低下する人もいます）、評価や期待が伴っていれば、自己重要感を損なうことなく、自分の非を受容して改善することができるのです。

NG文

リーダー会議で話し合った結果、技術的にもう一歩という結論に達したため、今期での正式採用を見送ることになりました。

OK文

この半年間の頑張りには目を見張るものがありました。大きく成長しましたね。ただし、リーダー会議で話し合った結果、技術的にもう一歩という結論に達したため、今期での正式採用は見送ることになりました。これは断言しますが、あなたは、まだまだ伸びます。来季での採用を目指して諦めずにチャレンジし続けてください。

No.63 男女で異なる"響く言葉"

　男性と女性では、響く言葉が違う。この事実を知っていると、コミュニケーション能力が大幅にアップします。相手の性別によって言葉を使い分けることで、男性からも女性からも「感じのいい人」と思われるようになります。

> 清水さん、今回のプロジェクトが成功したのは君がそばに居てくれたおかげだ。お礼を言わせてもらうよ。ありがとう。　**A**

> 清水さん、今回のプロジェクトが成功したのは、君が力を発揮してくれたおかげだ。また次も期待しているぞ。　**B**

　これは上司が部下の清水さんに送ったメールです。あなたが清水さんなら、どちらの文章が嬉しいですか？

　男性ならB、女性であればAが響いたのではないでしょうか。なぜなら、男性と女性には次のような違いがあるからです。

- **男性は評価されると嬉しい**
- **女性は愛されると嬉しい**

　この違いを知っていれば、同じ内容のメールでも、相手の性別によって文面を工夫することができます。

　ほかにも男女には、次のような違いがあると言われています。

- **男性は解決したがる**
- **女性は話を聞いてもらいたがる**

仮に、部下から上司であるあなたに次のようなメールが送られてきたら、あなたはどのように返信するでしょうか。

> 井上課長、ご相談があってメールいたしました。最近、自分の仕事に自信が持てず、困っています。商品への思いが強過ぎるせいか、営業部と衝突してしまうことが頻繁にあります。

このメールの送信者が男性であれば、ズバっと悩みの解決につながるアドバイスをしてもいいでしょう。相手のタイプによっては、「しっかりしろ！」「弱気になるな！」と渇を入れてもいいかもしれません。

一方、このメールの送信者が女性であれば、単刀直入な物言いは禁物です。なぜなら、女性は問題の解決ではなく、共感を求めているからです。したがって、この手のお悩み相談メールを女性から受けた際には、ひとまず「そうか、そうか」と聞き役に徹するのが賢い対応です。アドバイスをするなら、相手の気持ちが落ち着いてから、頃合いを見計らって行いましょう。

もちろん、個人差はあります。男性だけど女性的な思考の人もいれば、女性だけど男性的な思考の人もいます。「男性と女性の違い」を押さえつつも、TPOを見極めながら、かける言葉や言い回しを選ぶようにしましょう。

No. 64

言いにくいことを先延ばししない

　言いにくいことは、素早く＆はっきりと伝えるのが鉄則です。断るとき、意向に添えないとき、ミスやトラブルの報告をするとき、言葉を濁したり、回答を先延ばしたりするのは最悪です。

> ご提案いただいたプランですが、再現性があるかどうか、もう少し検討させていただきます。　　　　　　　　　　　　**NG**

検討する気があるなら、この文面でも問題ないでしょう。
しかし、そうでなければ、回答をうやむやにしてはいけません。

> ご提案いただいたプランですが、残念ながら今回は採用を見送らせていただきます。社内で検討した結果、◯◯の再現性が低いという結論に達したためです。　　　　　　　　　　**OK**

　回答を先延ばしにしたところで、状況は何も変わりません。それどころか、「あらためて断りのメールを入れる」という手間が増えるだけです。これほど非効率なことはありません。相手に余計な期待を持たせてしまう点もスマートとは言えません。

> 飲み会のお誘いをいただき、ありがとうございます。11日ですが、まだ予定が見えません。スケジュールがはっきりしましたら、あらためてご連絡させていただきます。　　　**NG**

参加する気もないのに、このようなメールを送っていませんか？思わせぶりな先延ばしをすると、相手に迷惑がかかります。また、期日が迫ってからの不参加表明は、誘った側からすると、あまり気持ちのいいものではありません。同様のケースが何度か続けば、「この人は結局いつも来ない」と思われてしまいます。

> 飲み会のお誘いをいただき、ありがとうございます。あいにく11日は先約があります。またの機会を楽しみにしております。
>
> **OK**

　下記のようなミスの報告も同様です。先延ばしにするほど問題が大きくなりやすく、信用低下のリスクも高まります。「**言いにくいことを言わない＝自分の首を絞める行為**」と理解しておきましょう。

> 先ほど、クライントの河野さんからチクリといただきました。○○の件のようでしたが、何が不満なのかがはっきりしませんでした。明日電話して、もう少し詳しく聞いてみます。
>
> **NG**

> 先ほど、クライントの河野さんからお叱りをいただきました。私の伝え方が悪く、○○の件で△△という誤解を招いておりました。完全に私のミスです。申し訳ございません。
>
> **OK**

No. 65

書き手の意図を命がけで読み取ろう

　メールは書くときだけでなく、読むときにも細心の注意を払う必要があります。もし、書かれている内容を見落とす、あるいは誤った形で認識してしまった場合、取り返しのつかない問題やトラブルに発展するかもしれません。

> 先週の金曜日のメールでお伝えした販促プランの件ですが、いかがでしょうか？　進捗をご連絡いただけると助かります。　**A**

> 請求書の件ですが、前回のメールに添付しているかと思います。ご確認いただけますでしょうか。　**B**

> 懇親会の出欠のお返事をまだいただいておりません。会場の予約の関係上、本日中にご連絡いただけると助かります。　**C**

　Aのメールを受信して、先週の金曜日のメールを見直したところ、確かに「販促プランを検討いただけますでしょうか」と書いてあった。Bのメールを受信して、前回のメールを見直したところ、確かに請求書が添付されていた。Cのメールを受信して、メールボックスを確認したところ、確かに「懇親会の出欠確認」のメールが届いていた。これらはすべて受信者の不注意、つまり読み手のミスです。

　昨今は、重要な情報をメールでやり取りするケースが少なくありません。場合によっては「見落としていました」「違う意味で理解

していました」では済まされないケースもあります。

　お願い、打診、質問……など、何かしらのリクエストをしたにもかかわらず、相手が応えてくれなかった場合、送信者はどのような感情を抱くでしょうか？

　「軽んじられた」「ぞんざいに扱われた」「（あの人は）仕事ができない」「そそっかしい」「いい加減だ」「ミスが多い」「注意力が散漫だ」「（あの人とは）一緒に仕事をしたくない」などが一例です。

　これまで大きなミスを起こしたことがなくても、「以前にも書きましたが〜」「○○の件はどうなりましたか？」「まだ○○をいただいておりません。どうなりましたでしょうか？」というようなメールを頻繁にもらう人は、十分に注意する必要があります。

　もちろん、なかには「相手の書き方が悪くて、意味がよくわからなかった」というケースもあるかもしれません。そうだとしても、それを放置していた受信者にも少なからず責任はあります。「よくわからない」と思った時点で確認しておけば、傷口は浅く済んだかもしれません。

　本書では、くり返し「伝わらないとしたら、それは書き手に責任がある」というスタンスで警笛を鳴らしてきました。しかし、それは「読み手にはまったく責任はない」「読むときにラクをしてもいい」という意味ではありません。

　文章を読むときには、常に書き手の気持ちや言わんとしていることを汲み取る努力が必要です。真に優れた文章コミュニケーション巧者は、「書くときの意識」と同じく、「読むときの意識」も疎かにしないものです。

No. **66**

文章コミュニケーションにおける顔文字

　文章コミュニケーションにおいて、顔文字はどのような役割をはたしているのでしょうか？

　プロローグにも書いた通り、文章には会話で相手の気持ちを読み取る要素となる「表情」「声の調子」がありません。ところが、顔文字の登場によって、文章に表情をつけることができるようになりました。

- おまえって本当にそそっかしいな
- おまえって本当にそそっかしいな（^^）

　あなたはのどちらに親しみを感じますか？　おそらくは、顔文字が笑っている後者でしょう。前者の場合、相手が怒っているのか、呆れているのか、それともバカにしているのか……文面だけでは読み取れません。このことからも、顔文字が有している情報量の多さをご理解いただけるでしょう。

- おまえって本当にそそっかしいな（^_^;)
- おまえって本当にそそっかしいな（=_=）
- おまえって本当にそそっかしいな（-_-メ）

　それぞれ、最初の２つと、また違う印象を受けると思います。文面は同じでも、どんな顔文字を選ぶかによって、相手に伝わるメッセージが大きく変わるのです。

特に、友人や身内とメッセージをやり取りする際に、顔文字は重宝されています。文字だけよりも正確に気持ちを伝えられるので、邪推や誤解を招きにくくなるからです。不要な取り越し苦労も減るでしょう。
　あなたも「ごめん」と書かれるより、「ごめんm（＿＿）m」と書かれたほうが、お詫びの気持ちが伝わってくることでしょう。

　一方で、顔文字を仕事で活用できるかと聞かれれば、今のところは「ノー」と言わざるを得ません。「顔文字＝遊び／軽い」というイメージがあるほか、情報伝達が大きなウェイトを占める仕事のメールに、あえて表情をつける必要があるのか、という問題もあります。
　もちろん、**職場のチーム内など、気心の知れた間柄、信頼関係ができ上がった間柄であれば許容範囲でしょう**。現に、スタッフ間の連絡ツールとしてSNSのメッセージ機能やチャットアプリを活用して、顔文字のやり取りを行っている会社もあります。

　これまで何度も申し上げてきましたが、文章コミュニケーションは、相手との関係性に依存するものです。もし、仕事相手のメールで顔文字が送られてきたとしたら、あえて先方が望む「顔文字でのコミュニケーション」で応えるという臨機応変さも必要です。
　なお、昨今では、顔文字以外にも、携帯やスマホのメールに利用する「絵文字（イラスト文字）」やLINEの「スタンプ」などが人気を博しています。今後、仕事上の文章コミュニケーションにどのような影響を与えるのか。当面は推移を見守りましょう。

No. 67 何かと使える「〜したく」

　一般のビジネス文書ではあまり使いませんが、メールを書く際に使い勝手がいいフレーズが「〜したく」です。

NG文 日程の確認をしたいと思い、ご連絡いたしました。

　「確認をしたいと思い」という言い回しが、少し野暮ったく感じられます。こういうときに「〜したく」を使いましょう。

OK文 日程の確認をしたく、ご連絡いたしました。

　「〜したく」は、書き手の意思を伝えるときにもってこいです。ていねいな表現であるうえ、文章が短くなってスッキリします。

NG文 ○○の発注をしたかったのでFAX差し上げました。
OK文 ○○の発注をしたくFAX差し上げました。

NG文 ○○のお礼を申し上げたくてご連絡いたしました。
OK文 ○○のお礼を申し上げたくご連絡いたしました。

NG文
○○をご案内させていただこうかと思い、メールいたしました。
OK文
○○をご案内したくメールいたしました。

第 **4** 章

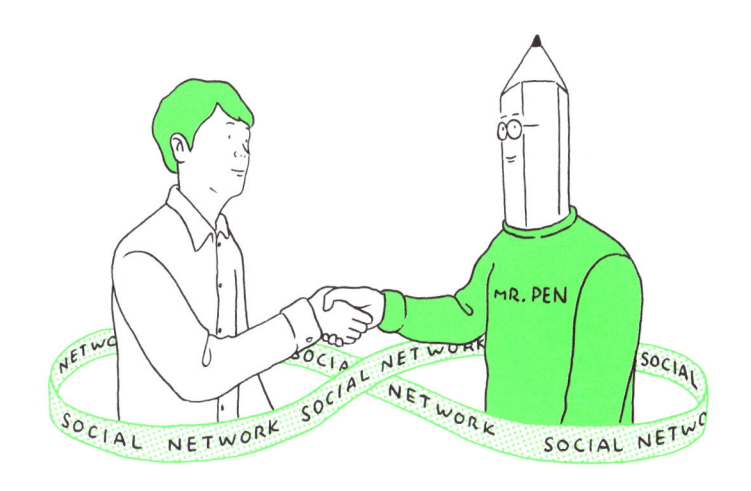

実践・文章コミュニケーション _ 03

だから、わかりあえる
SNSの文章技法

facebook、twitter、LINEを筆頭に、SNSの利用者が増えています。
最後の本章では、SNS上で円滑な文章コミュニケーションを
図るためのポイントをご紹介。余計な誤解をされたくない人や、
誹謗・中傷を受けたくない人は、特に必読です。

No.68 SNSは諸刃の剣

　facebook、ブログ、twitter、LINE、Google+、YouTubeなどのSNSの利用者が増えています。SNSとは、簡単に言えば「インターネット上の登録制ネットワーク」のこと。日本でもfacebookのユーザー数が2400万人を超え、プライベートのみならず、ビジネスで利用する人も増えています。

　それぞれの機能や特性にもよりますが、ざっと思いつくままにメリットを挙げてみましょう。

メリット
- 双方向でやり取りができる
- リアルタイム性に優れている
- 写真や動画がアップできる
- 友人や知人とつながれる(旧友なども含む)
- はじめての人とも、つながりを持ちやすい
- 日本だけでなく、世界中の人とつながれる
- 同じ趣味や嗜好を持った者同士でつながれる
- パソコンだけでなく、スマートフォンなどでも使える
- 情報を収集しやすい
- 口コミ・評判が広まりやすい

　反面、デメリットも少なくありません。

> デメリット

- **不用意な投稿、失言・暴言などによって炎上することがある**
- **発言を誤解されることがある**
- **実名制でないSNSでは、誹謗中傷が多くなりがち**
- **気遣いなど人間関係の負担が多くなる（いわゆる「SNS疲れ」）**
- 個人情報の流出リスクがある
- つながりたくない人とつながってしまうことがある
- アカウントを乗っ取られるリスクがある
- 中毒性がある（SNSにログインしていないと不安など）

　多くの道具がそうであるように、SNSも"諸刃の剣"なのです。使い方を間違えると、人を傷つけたり、信頼を失ったりすることもあります。

　インターネット上には、目も当てられないような暴言や、誹謗中傷が書かれる匿名掲示板も存在します。ガス抜きとして有効な面もあるのでしょうが、SNS——特に匿名性が低いもの——にも匿名掲示板と同じ感覚を持ち込むと、取り返しのつかない問題に発展しかねません。

　とりわけ、本書がケアしたいのが上記に挙げたデメリットの上位４つ。ふだんSNSに書き込みをする際に、発生しやすい問題やトラブルです。これらは文章の書き方次第で、その発生を押さえることができます。

　第４章では、SNSでの文章マナーに焦点を絞って、文章コミュニケーションの注意点や書き方のコツをご紹介していきます。

No. 69 SNSは駅前広場と考えよう

　SNSに投稿やコメントをするとき、忘れがちになることがあります。それは「大勢の人に見られている」という意識です。

　駅前で演説をする、選挙の立候補者を見たことがあると思います。演説をする人の前を、さまざまな人が通り過ぎます。その場には、知人や友人もいれば、見ず知らずの人もたくさんいます。演説者はマイクを持って話していますので、その声は駅前広場全体に響いています。

　SNSに投稿やコメントをすることは、駅前で演説をしているのと変わりません。あなたの声はマイクを通じて、多くの人が行き交う駅前広場全体に響いています。

　おそらく、そんなイメージを持ってSNSを使っている人は少ないでしょう。しかし、これが現実です。

　もしも、あなたがSNSに「うちの会社の〇〇部長、アタマ悪過ぎ」と書き込んだとしたら、その瞬間に、その声は駅前広場に響き渡ります。行き交う人の中には会社の同僚もいるかもしれませんし、〇〇部長自身が歩いている可能性もあります。

　あるいは、部長の知人や身内が聞いていて、その話を本人に伝えるかもしれません。そうなったら、あなたはどうなるでしょう？そう、SNSは個人の日記でも、閉ざされた空間でもなく、不特定多数が行き交う「公の場」なのです。

　他人の悪口を言えば、背びれ尾びれがついて、またたく間にウワ

サが広まる恐れがあります。その範囲は駅前広場から街中へ、街中から日本中、さらには世界中へ広まるかもしれません。

　ふだん前向きなあなたがマイクを通して職場の愚痴をこぼせば、「えっ、私が知っている××さんとは別人みたい…」と思われ、好感度や信頼が急下降するかもしれません。

　「デジタルタトゥー」という言葉をご存知でしょうか。インターネット上で公開された投稿や個人情報は、ひとたび拡散されると、あとから消すのが極めて難しくなる。その様子がタトゥー（＝あとから消すのが難しい）に似ていることから名付けられた言葉です。「あれは昔の投稿だから」と安心もできません。検索エンジンを使えば、大概の情報は拾えてしまうからです。

　「そんなつもりじゃなかったのに…」と悔やんでも、覆水盆に返らず、です。文章だけに限りません。昨今では、写真や動画の不用意な投稿で信頼を失う人も少なくありません。

　なぜ、こういう悲劇が起きてしまうのでしょうか？　それは、そもそも「SNS＝駅前広場＝公共の場」という意識がないからです。自分の投稿やコメントが駅前広場での演説と同じである、とは思ってもいないのです。

　頭でわかっていても、「うっかり」「ぼうっとしていて」となりやすいのが人間です。SNSに投稿やコメントをするときは、頭の片隅で駅前広場で演説をする自分の姿を思い浮かべましょう。備えあれば憂いなし。くれぐれも自分が使った道具でケガをしないように…。

No. 70

「誹謗中傷」と「批判」の違い

　怒りの感情を持つことと、それをSNSで外へ解き放つことは、似て非なるものです。怒りの感情を解き放った先には、必ず他人がいます。場合によっては、社会人としての見識を疑われて、周囲からの評価が急落する恐れもあります。

NG文

まったく〇〇大臣は何してやがるんだ！　泥棒猫のような在日△△人のヤツらにいい顔しやがって。お前なんて、今すぐ辞職して、さっさと□□のど田舎に帰って畑でも耕してろ！

　湧き上がるままに怒りをぶつけた文章を目にした人の中には、不快な気分になる人もいるでしょう。気になるのは次の2点です。

> 差別的な発言
> 「泥棒猫のような在日△△人のヤツら」
> 「□□のど田舎」「畑でも耕していろ！」
>
> 感情的・暴力的ないい回し
> 「何してやがるんだ！」「〜しやがって」
> 「お前なんて」「耕していろ！」

　公の場に怒りの感情を書くときは、言葉の選び方や言い回しに十分に気をつけなければいけません。冒頭のNG文のような誹謗・中傷ではなく、次のような批判の部類に属する文章を目指しましょう。

OK文

○○大臣のやり方には疑問を感じます。特定の在留外国人への対応が××なのはいかがなものでしょう。まずは懸案となっている◇◇の問題解決に全力を傾けてもらいたいです。

- 誹謗中傷→根拠のない悪口を言いふらして、他人を傷つけること
- 批判→誤りや欠点を指摘し、正すべきであるとして論じること

　誹謗中傷と批判の最大の違いは、誹謗には「人をおとしめよう、傷つけようという悪意がある」という点です。攻撃することが目的になっているため、根拠も言葉も乱暴になりがち。怒りの感情は、往々にして誹謗中傷に向かいがちなので注意が必要です。

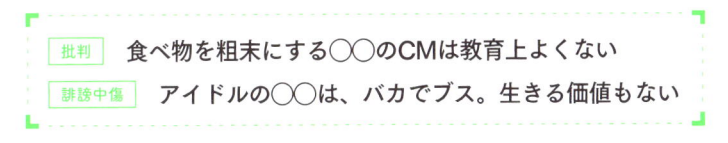

> 批判　食べ物を粗末にする○○のCMは教育上よくない
> 誹謗中傷　アイドルの○○は、バカでブス。生きる価値もない

公の場であるSNSに怒りを書くなら、最低でも建設的なニュアンスを含む批判である必要があります。もちろん、そのためには根拠や意見を明確にし、批判に対する反論や反感を受け入れるなど、相応の準備と覚悟が必要です。SNSで発言するということは、それに伴うあらゆるリスクを受け入れることなのです。

　多くの人が、友人・知人らと楽しくコミュニケーションを図るためにSNSを使っているはずです。それだけに、不用意に怒りを書き殴るのは禁物です。言葉は自分の手もとに必ず戻ってくる"ブーメラン"のようなもの。自分が投げた悪意でケガをしないよう注意が必要です。

No. 71

「怒り」の文章論

　メッセージを伝えようとするとき、あまりに強い言葉を使うと、読み手に共感されにくくなることがあります。怒りの感情を書くときにも、同じことが言えます。

NG文

今日もまた店の前に、すさまじい量のタバコがポイ捨てしてあった！　どこのアホだ！！！　毎晩のように、人の店の前でたむろしやがって！　ゴロツキか？　それとも高校生か？　チキショー、本当にむかつくわ。見つけたらタダじゃおかねえ！！！

　「アホ」「チキショー」「むかつくわ」「タダじゃおかねえ」などという強い言葉が使われています。「！」の数も実に８個（笑）。書き手は相当怒っているのでしょう。
　しかし、書き手の怒りは必ず読み手に共感されるとは限りません。それどころか、あまりに感情的になり過ぎると「何もそこまで怒らなくても……。少しクールダウンしませんか？」と、逆になだめたくなる人もいるはずです。

OK文

今日もまたお店の前に、数本のタバコがポイ捨てされていた。見慣れた光景を眺めながら、思わずため息をつく。誰がこんなことを？　やるせない気持ちに襲われながらも、それでも気を取り直して、いつも通りに吸い殻を片づけた。こんなに虚しい日課がいつまで続く

のだろうか…。

　OK文は、起きた事実を淡々と記すと同時に、怒りの感情に抑制を利かせながら書いています。それにもかかわらず、不思議と書き手の気持ちに共感してしまわないでしょうか？

　この投稿を読んだ人の中には、「まったく、ひどいやつがいるものですね！」と、自分のことのように怒りを感じる人もいるかもしれません。つまり、**「読む人の共感を誘う」という点では、怒りの感情を書き殴ったNG文よりも、感情に抑制を利かせたOK文のほうが有効**なのです。両者の大きな違いは以下です。

NG文 　読む人に届く前に言葉自体が爆発している。
OK文 　読む人の心の中で感情を爆発させている。

　気持ちを素直に語ることは大切ですが、怒りの感情を書き殴った結果、読む人が"引いてしまう"としたら、本末転倒ではないでしょうか。伝えたいメッセージがあるときほど、文章に抑制を利かせる必要があります。書き手が感情を爆発させるのではなく、読み手の心の中で感情が爆発するような書き方が求められるのです。

　本当に怒っているときこそ、文章は怒ってはいけません。

　逆説的な言い方になってしまいますが、怒りの感情に共感してもらいたいのであれば、この意識を忘れないようにしましょう。とりわけ頭に血がのぼった状態でSNSに投稿するのは危険です。投稿するのはクールダウンしてから、と決めておきましょう。

No.72 「かまってちゃん」にならない

　人は、多かれ少なかれ他者にかまってもらいたい生き物です。「今日も微熱が下がらない」「また姑に小言を言われてヘコむ」「今日もウツっぽいわ」。この種のネガティブな投稿をすると、心配してくれたり、励ましてくれたりする人が現れます。

　悲劇とて人生の一部です。それをSNSで公開することが、いけないわけではありません。筆者も、インフルエンザに感染した投稿をしたときに、多くの人からコメントをいただき、大いに励まされた経験があります。SNSの"温かさ"を知るのは、こういうときです。

　しかし、「私のことをかまって〜」的な投稿が頻繁に続くとどうでしょうか？　最初は共感や励ましのコメントをくれていた人たちが、少しずつ減っていきます。「この人は、ただかまってもらいたいだけなのでは？」——そんなふうに思われてしまうのでしょう。

> 今日もまた病院。こんな薬を飲んでも、どうせ私には効かないんだけどね。もうやめちゃおうかな、いろいろなことを…。

　思わせぶりな投稿です。「もうやめちゃおうかな、いろいろなことを…」という言葉を深読みした友人が、「大丈夫？」とコメントをくれるかもしれません。そう、ネガティブな投稿がクセになっている人は、この「大丈夫？」という言葉が嬉しいのです。

　つまり、投稿という形を借りて、「かまってほしい」「自分のことを見てほしい」という合図を出しているわけです。かまってもらいたい人と、かまってくれる人がいるので、バランスが取れていると

も言えます。

　しかし、あなた自身に「かまってちゃん」の自覚がある、逆に「かまってちゃん」に頻繁にコメントを返しているとしたら、その関係に危険が潜んでいることを知っておいたほうがいいでしょう。なぜなら、「かまってちゃん」と「かまいたがり屋」の関係は、心理学で言う「依存」と「共依存」の関係に近いからです。

- 依存　：他人や組織、モノなどに愛情や保護、援助、支持などを求め、それがなくては生きていけない状態のこと。依存の対象が他人である場合、自分が安心や満足を得たいがために、執拗に相手にしがみついたり、相手を支配・束縛したりしようとする。
- 共依存：他人に必要とされることで、自分の存在意義を見出すこと。共依存者は他者に認められることでしか満足を得られないため、他者から好意を得るために、自己犠牲的な献身を脅迫的に行う傾向がある。

　依存者と共依存者がお互いを必要としている関係では、自分の空虚や自己評価の低さを、相手を利用して満たそうとします。つまり、自分の欲を満たせる関係を持続させようとするのです。多かれ少なかれ、私たち人間は依存や共依存をしているものですが、互いの中に支配や束縛の感情が生まれるほど強い関係は「赤信号」です。支配や束縛は、怒りや憎しみ、嫉妬へと向かいやすいからです。

　SNSを使うときには、「かまってちゃん」にならないだけではなく、「かまいたがり屋」にならないことも大切です。「かまって〜」的な投稿や「かまいたがり屋」なコメントも"ほどほど"にしましょう。

No. 73 露骨な「売り込み」はやめよう

　初対面の相手から、あいさつもほどほどに「これ、買いませんか？」と商品を売り込まれたら、あなたはどうしますか？　おそらく買わないでしょう。買わないどころか、その相手に不信感・嫌悪感を抱き、二度と会いたくないと思うかもしれません。考えてみれば、当たり前のことです。しかし、SNS上では、こうした露骨な売り込みが散見されます。

- 【起業志望の方は必見！】100％失敗しない最新の起業ノウハウを完全収録したプログラムが発売されました。
- 11月８日、婚活セミナー急遽開催！　婚活コーディネーターの○○氏をお招きして、オリジナルの初対面会話法をお伝えします。

　このような投稿ばかりしている人たちが勘違いしているのは、「SNS上への投稿は多くの人に読まれる」「投稿を見てくれた人は、商品やサービスを買ってくれるだろう」の２点です。

　確かにSNSは駅前広場なので、多くの人が行き交っています。しかし、演説（＝投稿）をすれば必ず人が集まるわけではありません。集まりやすいのは、興味を引く演説──楽しませる演説、役立つ演説、奇抜な演説──をしている人のまわりです。

　商品やサービスの売り込み投稿は、ほとんどの人にとって興味のないものです。つまり、演説の声は耳に入っても、そちらに注意を向けようとはしません。それどころか、その演説が「うっとうしい」

と思った人は、二度と耳に入らないようにするかもしれません（facebookの友達削除やtwitterのフォロー解除など）。

　では、SNSで商品やサービスは売れないのでしょうか？　答えはノーです。たとえば、パン屋を営む人が毎日SNSに「自宅で作れるパン作りレシピ」を公開していたとします。おいしそうなパンの写真とわかりやすいレシピ、それに投稿者の親しみやすい人柄が好評で、いつもコメントでにぎわっています。まさに演説者（＝投稿者）のまわりに人垣ができているような状態です。

　そんなときに、「来週、パン作り教室を企画します」と投稿したらどうなるか。多くの人が「参加したい」「私も行きたい」と手を上げることでしょう。

信頼関係ができ上がった人たちは、宣伝や告知投稿にも注目する
→注目してくれた人たちであれば、投稿を見て商品やサービスを買ってくれることもある

　これがSNS上での商品・サービスの売れ方です。信頼関係が築けている人に対してであれば、宣伝や告知の投稿も迷惑とは限りません。節度を保ちさえすれば、むしろ喜ばれることも多いのです。

　SNSでの露骨な売り込みはNG、信頼関係ができているならばOK。この基準を理解していれば、売り込みの投稿よりも、信頼関係を築く（自分の周りに人垣を作る）ための投稿が大事であることに気づくはずです。

No. 74

自分を盛り過ぎない

　SNSに投稿をするときには、多かれ少なかれ自己演出をしてしまうものです。時にはカッコつけたり、自分を大きく見せたり、若者言葉で言うところの"盛る（＝誇張）"です。

　しかし、あまりに大きく見せ過ぎると、読み手に見透かされてしまいます。「またか…（笑）」と苦笑されているのを知らないのは本人だけ、ということも少なくありません。

NG文

今日は六本木ヒルズ52階絶景レストランで、年間30億稼ぎ出す経営コンサルタントの○○氏と極秘ランチ！　何か新しいビジネスがスタートしそうな予感です。新たな野望にまっしぐら！

　もし、この投稿者にふだんから自分を大きく見せる傾向がある場合、あるいは権威的なモノ（人）への依存が強い場合には、周囲から「また大袈裟なこと言っているな」と思われても仕方ありません。

　過剰な自己演出は、遅かれ早かれ見透かされます。その点において、SNSは正直過ぎるほど正直なメディアです。その証拠に、似たような投稿をしても、違和感なく受け入れられる人もいます。大きな話をしているにもかかわらず、いやらしさを感じさせない。そういう人の場合、ふだんの人柄や思想、哲学、価値観、言動などと投稿内容にズレがないのでしょう。

- 大きな話が「自慢」に見える人 → 痛い人
- 大きな話でも「等身大」に見える人 → スマートな人

　世の中には、この２つのタイプが存在します。両者の差は「器」です。前者の器は小さくて、大量の水（＝大きな話）が入りません。一方、後者の器は大きいので、大量の水（＝大きな話）が入ります。
　「器」は「人間力」とも言い換えてもいいでしょう。SNSに投稿をするときには、自分の器に収まらないほど過剰な演出は、できる限り避けたほうがいいでしょう。
　もっとも、演出が過剰でなければOKという単純な話でもありません。たとえ等身大の投稿であっても、書き方を少し間違えれば、読み手に"痛い"と受け取られかねません。冒頭の文例も、もう少し書き方を工夫できそうです。

OK文

今日は六本木ヒルズ52階絶景レストランで、経営コンサルタントの〇〇氏とランチをしました。何か新しいビジネスがスタートしそうな予感です。使命感に燃えています。

　「年間30億稼ぎ出す」というガツガツした表現を削除したことで、より受け入れられやすくなりました。「極秘ランチ！→ランチをしました」「新たな野望にまっしぐら！→使命感に燃えています」の変更も、ガツガツした雰囲気の軽減、文面のソフト化に一役買っています。
　周囲から"痛い"と思われないためには、盛り過ぎに注意すると同時に、できる限りソフトで謙虚な表現を心がけましょう。

No. 75

自分を追い込む「他責文」

　自分のことは棚に上げて、他人を批判してばかりの人がいます。「自責」ではなく「他責」で生きる人たちです。自責とは、起きた結果をすべて自分の責任と受け止めること。一方、他責とは、起きた結果をすべて他人の責任と受け止めることです。

　この場で自責と他責の良し悪しを語るつもりはありませんが、実社会同様SNS上でも、他責文はあまり好まれません。

- あんな無能な上司さえいなければ、もっとバリバリに働くのになあ。
- モテないのはチビデブのせい。こんな私に誰が生んだんだ。
- 人格が破綻した友人に責められた。これまで散々面倒見てきたのに許せない。
- 派遣先のお局がウザい。だから結婚できないんだよ（笑）

　日々の人間関係では、いろいろなことが起きます。時には不快な経験、不条理な体験をすることもあるでしょう。しかし、一方で、すべての出来事は「受け取り方次第」と言えなくもありません。事実、ある人にとっては素晴らしいが、別の人にとっては憎たらしいといった例は世の中にいくらでもあります。人はいつも「思い込み」というモノサシで社会や人を測っているのです。

　他責文をくり返す人の心には、常に「自分は正しい。相手が悪い」というモノサシがあります。そのモノサシが強固なゆえ、何の疑いもなく、SNS上に他責文を書くのでしょう。

仮に、仕事の関係者があなたの他責文を目にしたら、どういう気持ちになるでしょう？　他人のせいにばかりしている人と、一緒に仕事をしたいと思うでしょうか。信頼して仕事を任せられると思うでしょうか。SNS上に書き込むということは、そうした──知り合いに読まれるかもしれない──リスクを負うことでもあります。

　「言霊」という言葉があります。言葉に宿ると信じられている霊的な力のことです。声に発した言葉が、「言葉通りの結果を生み出す」と考えられています。このことは声だけでなく、文章にも当てはまります。
　SNS上でくり返される他責文が、読み手を楽しい気持ちにすることは、ほとんどありません。それどころか、他責に含まれる言霊を敏感に察知して、「あまり関わりたくない」と思う人のほうが多いのではないでしょうか。

　他責をくり返す人自身も、その言霊によって、より苦しい立場に追い込まれます。「自分は正しい。相手が悪い」というモノサシがさらに強化されるため、何か起きるたびに「なんで自分ばかりこんな目にあうの？」と感じるようになります。つまり、「自分は不幸だ」という状況が延々と続くことになります。
　頻繁に誰かを責める投稿やコメントをしているあなた、自身の人生と、その人生に付随する人間関係を好転させるためにも、言葉で他人や自分自身を貶める行為に終止符を打ってみませんか。

No. 76 悪意のない言葉が誰かを傷つける

　悪意なき言葉が、波紋を広げるときがあります。あるいは、波紋は広げずとも、特定の人を傷つけてしまうことがあります。

> ふー、打合せ終了。どっと疲れた。

　この投稿をした本人に悪意はありませんが、打合せ相手が読んだら、どういう気持ちになるでしょう？　人によっては、「どっと疲れたのは、私のせい？」「感じのいい人だと思っていたけど、心では面倒くさいと思っていたのか？」と腹立たしく感じるのではないでしょうか。
　投稿者が「そんなの考え過ぎだよ！」といくら言ったところで、"後の祭り"です。相手のモヤモヤは、そう簡単には晴れません。

> 飲み会でお酒が飲めない人がいると、若干、盛り下がる（笑）

　投稿者本人に特定の人物を揶揄する気持ちがなかったとしても、一緒の宴席でお酒を飲まずにいた人が読んだら、「私のことを責めているのか？」と思うかもしれません。そもそも、この投稿はお酒を飲めない人にとって、あまり気持ちのいいものではありません。
　本音をこぼすとは言いませんが、特定の誰かを傷つけるリスクについては、十分に考えなければいけません。この手のつぶやきは、誰からも指摘を受けにくいだけに、何度も同じ過ちをくり返しかねません。ボソっと本音をつぶやいているあなた、大丈夫ですか？

No. 77

嫌いでも貶さない

　自分の好きなことを語るのはいいとしても、自分の嫌いなものを語るときには注意が必要です。なぜなら、嫌いなものを語るとき、人は"貶(けな)す"という手法に走りがちだからです。

- ファッションブランドの××が好きになれない。あの派手な色使いも、あのブランドを身につけている人たちも（笑）。
- 話題のスイーツの店に平気な顔で1時間以上も並べるコッて異常だよね。絶対彼女にしたくない（もちろん嫁にも）。
- ○○の香水って、あれ悪臭だよね？　というか公害だよね？
- ××氏のセミナー参加者って洗脳されているよね？　マジで近寄りたくない。

　貶す＝悪口です。SNS上のモラルに明確な基準はありません。どこから先が悪口なのか、すべてがケース・バイ・ケースであり、人によってとらえ方も感じ方もまちまちです。

　ただし、実名公開をしているアカウントで特定の何かを貶すときは、その発言について回るリスクも負うべきでしょう。貶されたと感じた人たちからの反発はもちろん、遠巻きに眺めている人たちからも、「軽率な発言をする人」と見られる恐れがあります。

　上記の例にしてもそうですが、多くの場合、言い回しを少し変えれば「貶す＝悪口」ではなくなります（205ページ参照）。あなたが毒舌キャラで自分を売り出そうとしているのでなければ、不用意に特定の何かを貶すことは、やめたほうがいいでしょう。

No. 78 正論・正義を振りかざさない

　ニュースをネタに、鬼の首を取ったように正論・正義を語るのは危険です。なぜなら、それは一種の便乗で、誰にでもできる分、底が浅く感じられるからです。ことの成り行き次第では、便乗した人自身の信用も地に落ちます。

- 窃盗をした××選手はホントにバカ！　人間として欠落している。ダメ人間にもほどがある。あんなやつ、二度と復帰させるな。
- 人気俳優Kと女優Nが３ヶ月のスピード離婚。呆れるわ。価値観の相違をぬかすなら、最初から結婚なんかしなきゃいい。
- 日本代表が予選で惨敗。どうして××監督は、あんな平凡な選手ばかり集めるのか？　おつむが小学生レベル過ぎる。△△選手を選出しておけば、ここまでひどい結果にはならかなったはず。

　「ほら、見たことか」「やっぱりねー」――このような発言をしがちな人も、便乗グセのある方です。勝ち馬に乗ろうとする姿は、いささか滑稽で、遅かれ早かれ周囲にも見透かされます。

　事件の加害者を叩く、ミスを犯した人を責める、勝負事の敗者を叩く、炎上現場での野次馬的バッシング……等々の行為は簡単です。ただし、簡単なゆえに、その**発言次第では自分自身を陥れる恐れがあることを自覚しておきましょう**。

No. 79

他人の情報をうっかり晒さない

　SNS上で、プライベート情報をどの程度公開するかは、個々人によってまちまちです。氏名、年齢、家族構成、職業、出身校、居住地……等々をすべて公開している人もいれば、何１つ公開していない人もいます。各SNSのポリシーに反していなければ、公開するのも隠すのも自由です。問題なのは、人が隠しているプライベート情報を、他人が明かしてしまうケースです。

　たとえば、twitterのユーザー名が「noriko yamamoto」となっている人に対して、「@noriko yamamoto 紀子、昨夜は久しぶりに会えて嬉しかったよ。カラオケ楽しかったね〜」とツイートした場合、相手は「どうして紀子という実名を書いちゃうの？」と思うかもしれません。もっと言えば、昨日この紀子さんが「母の看病があるから」と会社の同僚にウソをついて残業を断っていた場合、「どうしてカラオケに行ったなんて書くの？　会社の人に見られたらどうするのよ！」と怒られるかもしれません。

　もちろん、人によっては実名を書かれても、カラオケに行ったことを書かれても、まったく問題ない人もいるでしょう。ケース・バイ・ケースゆえに、見極めが難しいところです。
　１つ押さえておきたいのは、**本人が公開していないプライベート情報は書かない**、という点です。つまり、ユーザー名を「noriko yamamoto」にしている人は「実名（漢字）」を隠していると判断し、「山本紀子」という名前を出さないようにする、ということです。

たとえば、居住地を「板橋区」としか公開していない永江さんに対して、「永江さんのご自宅から最寄りの大山駅までは５分くらいですか？」とツイートするのはNGです。そのツイートによって、永江さんが大山駅の周辺に住んでいることが公に晒されてしまうからです。

　したがって、友人や知人を含め、SNS上で頻繁にやり取りする相手がいる場合は、その人のプロフィールをよくチェックしておき、下記のポイントを把握しておくことが大切です。

- **相手が公開している情報**
- **相手が隠している（と思われる）情報**

　たとえば、子供がいることをfacebook上で公にしていない人に対して、「ところで、お子さん、おいくつになりましたか？」などとコメントすれば、相手はカチンとくるでしょう。離婚歴を隠している人に対して、口を滑らせて「早く次の人を見つけなよ〜（笑）」などと書けば、その瞬間に縁を切られてしまうかもしれません。

　SNS上で公開していないプライベート情報の多くが、知られていいものなのか、悪いものなのか判断がつきません。したがって、その人のふだんの投稿やコメントから、「この人は何を公開していて、何を隠しているのか」を慎重に見極める必要があります。

　軽い気持ちで書いた一言のせいで、長年の友情に幕が下りた……とならないよう注意しましょう。

No. 80 NG発言ガイドラインを作ろう

　もし、あなたがSNSで楽しく交流を図りたいと思っているなら、発言NGなガイドラインを明確にしておきましょう。

> **今度の衆議院選挙で○○党に投票しないヤツらは、売国奴と呼ばしてもらうよ。**

　どの政治団体・政治家を支持するかは個人の自由です。したがって、SNS上で自分の意見や価値観を人に押しつけるのは問題です。
　しかも、NG文は「売国奴」という言葉が表すように、自分の支持政党に投票しない人たちへの中傷・恫喝とも言える内容です。炎上する危険性を大いに秘めています。

> **○○人なんて、しょせんアジアのゴキブリでしょ。ホント、日本から出て行ってほしいわ。**

　これは、特定の人種や国に対する差別的な発言です。本人に悪気はなくても、この投稿を見て傷ついたり、怒りを感じたりする人もいるはずです。知人や仕事関係者の目に触れれば、信用を失うかもしれません。覚悟を持って議論する気がないのであれば、**SNS上で政治や宗教、人種など、イデオロギーが絡む問題に踏み込まないのが利口**です。

> **○○のファンって、ちょっとオツムが足りない気がする。**

特定の人や団体のファンをなじるような発言です。何を好きになろうが、個人の自由です。明確な根拠もなく、自分が毛嫌いする団体・チーム・人、あるいは、それらのファンをなじるのは、モラルが欠けていると言わざるを得ません。「社会人としてどうなの？」と思われても仕方ありません。

> 俳優の◯◯って、顔もブサイクだけど、アタマも悪過ぎ。見ているだけで胸くそ悪いわ。

　この種の発言も同様です。この手の発言をする人たちがよく持ち出すのが、「有名税」という言葉です。有名税とは、芸能人や政治家、スポーツ選手などが、有名であるがゆえに被りやすい問題や代償のこと。だから、有名人が悪く言われるのは仕方がない、というのが彼らの言い分です。
　しかし、当人が「有名人だから仕方ない」と言うならまだしも、書き手側が「有名税」という言葉を免罪符にするのは、あきらかに傲慢です。この手の発言は、悪く言われた有名人はもとより、そのファンからも怒りを買う恐れがあります。
　あらゆるリスクとそれに伴う責任を引き受けたうえで発言するならまだしも、本当に怖いのは本人に悪意がないケースです。うっかり口を滑らしたがゆえに反感を買ったり、信頼を落としてしまったりと、SNS上では毎日のように悲劇がくり返されています。
　SNSという駅前広場には、あらゆる思想・価値観・趣向を持った人が歩いています。そのことを、どうか忘れないでください。

No. 81

「嫌われコメント」よりも「喜ばれコメント」を

　SNSで行われるコメントのやり取りは、配慮と気遣いが欠かせません。しかし、しばしば相手の気持ちを無視したり、踏みにじったりする「嫌われコメント」を見かけます。

　たとえば、以下はSNSへの投稿（「夕食後に家族みんなで『アナ雪』のDVDを鑑賞しました。劇場で観て以来、久しぶりだったけど、やっぱ感動するわー。子どもたちもノリノリで"レリゴー"と歌っていました（笑)」）に対する嫌われコメントです。

嫌われコメント

- 家族サービスも大変だねえ
  - →本人は大変だと思っていない。家族サービスという意識すらない
- ディズニーの策略が透けて見える『アナ雪』はキライ（笑）
  - →楽しい気分に釘を刺す
- 家族で映画を観るなんてうらやましいです。うちはダンナの帰りが遅いので、そういう団欒とは無縁。帰ってきたところで、まともに話すらしないけど……
  - →単に自分の愚痴を書いているだけ。話が重い
- いくらなんでも『アナ雪』で感動するなんてあり得ない
  - →「感動した」と書いているにもかかわらず否定する
- 『レリゴー』をいい歌だと思ったことがない
  - →投稿に釘を刺す個人的な意見

逆に、記事投稿者や、やり取りを見ている人たちに喜ばれるコメントとは、どういうものでしょうか？　「喜ばれコメント」のポイントを挙げてみます。

- **投稿者の気持ちを受け止める（良し悪しをジャッジしない）**
- **投稿者の気持ちに寄り添う（共感・同意・賛同する）**
- 投稿者が返信しやすい言葉をかける
- **ユーモアや愛嬌、ひねりのあるコメントで楽しませる**

> 喜ばれコメント
> - 家族でDVD鑑賞なんてステキですね！
> - 私も『アナ雪』大好きです。なんだか、またDVDで見たくなっちゃった。
> - 『アナ雪』は最近のディズニー映画ではピカイチですよね。
> - 「レリゴ〜」と歌うダイくんとなっちゃんの姿が目に浮かぶ（笑）。
> - 子供たちと一緒ということは吹き替え版ですか？　アナ雪の吹き替え版はクオリティが高いよね。松たか子も神田さやかも、スゴくいい仕事してると思う（^^）。

　投稿者の気持ちを受け止めて、相手が喜ぶコメントをする。あるいは、投稿者が返信しやすいコメントをする。それが、交流を目的とするコメントの基本ではないでしょうか。

　メールやSNSに限らず、**相手を喜ばせられる人、楽しませられる人こそが、文章コミュニケーションの巧者と言える**でしょう。

No.82 「ネガティブ言葉」を「ポジティブ言葉」に言い換えよう

　ネガティブ言葉をポジティブ言葉に置き換える。この方法を身につけることは、SNS上で円滑なコミュニケーションを図るうえで極めて重要です。

- あいつの図々しさには辟易するよ。ホントに身勝手。他人のことなんて、どうでもいいと思っているんだろうな。
- あいつの図太さは見上げたものだよ。ホントに自由奔放。きっと自分を大切にしているんだろうな。

　実は、この2つは同じ人物に対する感想です。前者は「あいつ」をネガティブにとらえており、後者は「あいつ」をポジティブにとらえています。つまり「見方」が違うだけなのです。

ネガティブ		ポジティブ
図々しい	↔	図太さ
身勝手	↔	自由奔放
他人のことなんてどうでもいい	↔	自分を大切にしている

　世の中のモノ・事象・人に、良し悪しはありません。良し悪しを決めているのは、それらをジャッジする人間なのです。このことは、同じ人を「身勝手」とも「自由奔放」とも言い換えられることからもあきらかです。

つまり、**何かに対してネガティブな感情を抱いたとき、「ほかの言葉で言い換えられないかな？」と考える**ことが大事なのです。

愛想が悪い↔寡黙　　しかめっ面↔神妙（真剣）な面持ち
おしゃべり↔社交的　　頑固↔信念がある　　気弱↔繊細
往生際が悪い↔粘り強い　　がさつ／いい加減↔大らか
怒りっぽい人↔熱血漢　　無口↔思慮深い
飽きっぽい↔執着しない　　落ち着きがない↔好奇心旺盛
欲深い↔素直　　口が悪い↔正直　　疲れた↔頑張った
退屈↔平穏無事　　悲観的↔慎重　　鈍感↔打たれ強い
行き当たりばったり↔積極果敢／行動力がある
老けている↔風格がある　　偉そう↔威厳がある
ドジ／おっちょこちょい↔お茶目／憎めない
おせっかい↔面倒見がいい　　怒られた↔学んだ
けなされた↔指摘を受けた　　だまされやすい↔純粋
忙しい↔充実している　　暇人↔自由人　　冷たい↔クール
古くさい↔年季の入った　　緊張感がない↔自然体／肩の力が抜けている／リラックスしている

　くり返しになりますが、物事は一面だけではありません。悪く見ることもできれば、良く見ることもできる。ネガティブに見ることもできれば、ポジティブに見ることもできる。どう見るかは、各人に委ねられているのです。もしもあなたが、SNS上での交流を今まで以上に楽しみたいなら、ネガティブ言葉をポジティブ言葉に置き換える能力に磨きをかけましょう。その能力は、きっとあなたの宝物となるでしょう。

No.83 安易に情報拡散しない

　SNS上の情報は玉石混交です。有益な情報もあれば、価値のないデマやガセネタも多く流れています。有益な情報が拡散されるのはいいとしても、デマやガセネタが本当であるかのように拡散されていくのは問題です。

　たとえば、ビートたけしさんと志村けんさんの噂をご存知でしょうか。1986年に、たけしさんとその弟子たち（たけし軍団）が起こした「フライデー襲撃事件」後、志村さんが、仕事を干された、たけし軍団の面倒を見ていたというものです。
　実は、これは完全な作り話。たけしさんの事務所も全否定しています。誰が創作したデマかはともかく、問題なのは、この美談が事実かどうかを確かめもせずに、多くの人がfacebookやtwitterなどで拡散した点にあります。
　もちろん、ほとんどの方が善意で拡散したのでしょうから、デマに乗せられた被害者と言えなくもありません。一方で、厳しい見方をすれば、デマの拡散に加担した加害者とも言えます。

　3.11の震災直後にも、「コスモ石油のタンク火災で有害物質を含んだ雨が降る」「被爆予防のため、イソジンを10滴、水で薄めるなどして飲み込んでください」といったデマが、twitterなどで拡散されました。こうした悪質な情報を拡めておきながら、「まさかデマだとは思わなかった」で済まされるのでしょうか。

デマの拡散に加え、言われのない誹謗中傷を受けたお笑いタレントのスマイリーキクチさんの例は深刻でした。ネットの匿名掲示板などで、「女子高生コンクリート詰め殺人事件の犯人である」と中傷されたのです。もちろん、キクチさんは犯人ではなく、逆に悪質な中傷をした人たちの一斉検挙が行われました。

　こうした事例から見えてくる教訓が、「==一次情報（オリジナル）をたどる力を磨こう==」ということ。つまり、流れてきた情報を鵜呑みにするのではなく、「その情報の出所がどこか」「その出所は信頼できるか」と総合的に判断し、「拡散する・しない」を決める必要があるということです。逆に言えば、一次情報をたどりもせずに、デマや誤報を拡散している人は、周囲から良識を疑われても仕方ありません。

　SNS上では、折につけ「○○に募金してください」「○○を助けてください」「○○を探してください」などの情報が流れてきます。こうしたものについても、「友達がシェアしていたから」という理由だけで拡散するのではなく、一次情報を冷静に確認する必要があります。
　安易な拡散は、他人に迷惑をかけると同時に、自分自身を貶める危険性をはらんでいると肝に銘じておきましょう。

No. 84 軽はずみな自滅投稿はずっと残る

　SNS上で軽はずみな失言をして、信頼を失う人が後を絶ちません。失言の多くは、SNSが公共の場であるという意識の抜け落ちと、想像力の欠如——自分の発言がもたらす波紋の大きさを予測できないこと——に起因します。

> **SNS自滅エピソード①**
>
> 某通販サイトの社長が、お客のツイート「1050円なくせに送料手数料入れたら1750円とかマジ詐欺やろ〜」に対して、以下のようなレスをした。「詐欺？？ ただで商品が届くと思うんじゃねぇよ。お前ん家まで汗水たらしてヤマトの宅配会社の人がわざわざ運んでくれてんだよ。お前みたいな感謝のない奴は二度と注文しなくていいわ」。

　このレスが波紋を呼び、社長のアカウントに批判や抗議が殺到。あっと言う間にtwitterが炎上しました。人間ですので、ときに感情的になることもあるでしょう。しかし、**SNSで感情まかせに暴言を吐けば、十中八九その代償を払わされます**。この場合は、企業のイメージダウンや、消費者による商品の買い控えが起きました。

> **SNS自滅エピソード②**
>
> 某レストランでアルバイトの女子大生が、食事に訪れた有名人カップルの様子をtwitterで投稿。2人の実名を挙げてデートの状況を報じたうえ、ごていねいに「今夜は2人で泊まるらし

い」という情報まで付け加えた。

> SNS自滅エピソード③
>
> 某レストラン従業員のtwitter発言。「今日〇〇が来た。でも、完全に浮いてた。軽く挙動不審だったしね。やっぱり大嫌いな有名人トップ３に入るわ」。

> SNS自滅エピソード④
>
> 元国会議員の新燃岳噴火の際のツイートに批判が殺到。「宮崎の火山が噴火し続けている。牛や鳥を大量に殺処分して、命を粗末にしていることに宮崎の大地の神様が怒り猛っているように感じる」。

　このような自滅エピソードは、枚挙に暇がありません。謝罪して事態が沈静化しても、自滅を招いた発言は「まとめサイト」や「ウィキペディア」などのネット上で記録されています。つまり、失言の爪痕は半永久的に公に晒され続けるのです。

　ほかにも、「飲酒運転をした」「万引きをした」などの犯罪の告白投稿、犯罪をほのめかす投稿、犯罪スレスレの武勇伝、自社情報の漏洩、特定の企業や人を陥れる投稿、乱暴な言葉遣いの投稿、根も葉もない噂話、反感を買う投稿、脅迫・恫喝めいた投稿など、SNS上には自滅投稿が毎日のようにアップされ続けています。

　ふだん友達と世間話をしているノリでSNSに投稿している人は、立派な自滅投稿予備軍です。また、今このページを読みながら「自分は無関係」と思った、あなたも危険です。少しの気の緩みが自滅につながる――そう認識することが自衛の第一歩なのです。

No. 85

読み手のモノサシは千差万別

　本章では、さまざまな具体例を挙げながら、SNSにおける文章コミュニケーションの注意点を挙げてきました。最後にどうしてもお伝えしたいことがあります。

　それは、痛いと感じるかどうかは、読み手それぞれのモノサシ（価値観）と関係する、ということ。

　たとえば、自慢気に語る人を痛いと感じた場合、その原因は自分にあるかもしれません。

自慢気に語る投稿を痛いと感じる人

「自慢気に語る人はダメ」というモノサシを持っている
→心の底では、自慢気に語る人をうらやましいと思っている
→うらやましいけれど、自分は自慢気に語ることができない
→だから、"痛い"と相手を見下して、自分を正当化する

　このような解釈も十分に考えられます。心理学者のユングは、このような心理を「シャドウ（影）＝自分が生きられなかった、もう１つの人生」という言葉で説明しました。

　現に、自慢気に語る投稿を読んでも、痛いと思わない人もいます。その人は、「自慢気に語る人はダメ」というモノサシを持っていないのかもしれませんし、そもそも、その投稿を「自慢気」と感じていないのかもしれません。

> かまってちゃんの投稿を痛いと感じる人
>
> 「かまってちゃんは迷惑」というモノサシを持っている
> →心の底では、かまってちゃんをうらやましいと思っている
> →うらやましいけれど、自分はかまってちゃんにはなれない
> →だから、"痛い"と相手を見下して、自分を正当化する

　人は、「自分のことが一番よくわかっていない」と言います。あなたも、きっと身に覚えがあるのではないでしょうか。

　また、「苦手と感じる人は、意外と自分と似ているタイプである」という説にうなずく人もいるでしょう。本人の心の中では、嫉妬や自己嫌悪など、さまざまな感情が渦巻いているのかもしれません。

　第4章で取り上げた気をつけたい投稿文例の数々も、共感できるものと共感できないものがあったはずです。なぜなら、私（筆者）の主観とあなた（読者）の主観は同じではないからです。

　もちろん、一般論として、あるいは客観性を意識して「〇〇な投稿は痛い」という書き方をしてきたつもりです。

　しかし、主観を完全に排除できているかと言えば、答えはノーです。私の個人的なモノサシは、確実に紛れ込んでいるはずです。

　いずれにせよ、「痛いと感じるかどうかは、見る人それぞれのモノサシ（価値観）と無関係ではない」という考え方を知っておいて損はありません。**誰かの投稿にイラっとしたとき、ムカっとしたとき、失笑したとき、その原因はあなた自身にあるかもしれないのです**。そんな人間心理を押さえておくことも、SNSでより楽しく、より円滑にコミュニケーションを図るためには必要です。

おわりに

　本書をお読みいただき、ありがとうございます。
　最後に筆者があなたに贈りたいのは、実は祝辞です。
　あなたは、無事に「だから、読み手に伝わらない！」から卒業しました。

　狐につままれたような顔をしていませんか？（笑）

　「読み終えたばかりなのに、なぜ『卒業した』なんて言えるの？ 読み終えてから、一文字も文章を書いていないのに……」
　あなたの頭に浮かんだ、この疑問に答えましょう。

　なぜ卒業したかと言うと、あなたが「読み手の立場に立って書く」ことの重要性を理解してくれたからです。

　違いますか？

　違わないはずです。

　文章コミュニケーションの本丸は、「読み手の立場に立って書く」ことです。本書でお伝えしてきた考え方やテクニックは、その大黒柱に支えられています。
　いくら情報が有益でも、いくら文法が正しくても、いくら言葉遣いがていねいでも、読み手の立場に立たなければ、あなたの書く文

章は相手に伝わりません。

　逆に言えば、相手の立場に立ったうえで、本書の考え方やテクニックを活用すれば、あなたの書く文章は間違いなく読み手に届くはずです。それも、あなたが最も望む形で。

　不安になったときは、いつでも本書を読み返してください。大丈夫です。この本は、どんなときでも、あなたの味方になってくれるはずです。

　最後になりますが、本書の企画から編集まで一貫して助け続けてくれた実務教育出版の佐藤金平さんにお礼を申し上げます。
　また、苦しい執筆中、精神的な支えになってくれた妻の朋子と娘の桃果にも感謝を伝えさせてください。いつもありがとう。

　そして、本書を手にとってくれたあなた。
　この時代を生きるうえで、文章コミュニケーションは避けては通れません。いま、本書を読んで自信がみなぎっているようであれば、著者として大満足です。これから体感するご自身の文章の変化、それに伴う人生の変化を存分にお楽しみください。

2015年4月
伝える力【話す・書く】研究所所長
山口拓朗

山口拓朗
やまぐち たくろう

伝える力【話す・書く】研究所所長、山口拓朗ライティング塾塾長。1972年鹿児島県生まれ。出版社で雑誌編集者・記者を務めたのちにフリーライターとして独立。18年間で2200件以上を取材・インタビュー。現在は、"伝わらない悲劇から抜けだそう!"をモットーに執筆活動、研修、セミナー等で「文章と会話」のスキルアップ術を指南。主な著書は『伝わる文章が「速く」「思い通り」に書ける87の法則』『買わせる文章が「誰でも」「思い通り」に書ける101の法則』(以上、明日香出版社) など。

公式ホームページ
http://www.yamaguchi-takuro.com/
連絡先
yama_tak@plala.to

だから、読み手に伝わらない!

2015年4月25日　初版第1刷発行

著 者	山口拓朗
発行者	池澤徹也
発行所	株式会社 実務教育出版
	〒163-8671　東京都新宿区新宿1-1-12
電 話	03-3355-1812 (編集)
	03-3355-1951 (販売)
振 替	00160-0-78270
印 刷	精興社
製 本	東京美術紙工

©Takuro Yamaguchi 2015 Printed in Japan
ISBN978-4-7889-1090-4 C0030
本書の無断転載・無断複製 (コピー) を禁じます。
乱丁・落丁本は本社にておとりかえいたします。

実務教育出版のビジネス書

あなたが上司から求められているシンプルな50のこと
濱田秀彦 著

上司の期待がわからなければ
損をするのは部下の方！
「正しい行動・努力の指針」「上司の信頼獲得」
「高い評価」をもたらし、あなたの仕事を
効果的に変える50のピンポイント提案。

定価1,400円（税別）
ISBN978-4-7889-1051-5

あなたが部下から求められているシリアスな50のこと
濱田秀彦 著

できる上司は
「部下の信頼」と「会社からの評価」が
比例することを知っている。
10,000人の若手社員のホンネを集約した
自分もチームも結果を出す50の提案。

定価1,400円（税別）
ISBN978-4-7889-1060-7